**Wir können den Wind nicht ändern,
aber die Segel anders setzen.**

Aristoteles

Jakob Winkler

Fatimas fantastische Reise
in eine Welt ohne Erdöl

KNESEBECK

Für

Nevio, Tristan & Manuel.
Nahla & Kazuo. Amelie & Fynn. Leo & Hanna.
Anna-Lena. Mia. Jano.
Maximilian. Dayalu & Nahuel. Mia & Rosa.
Sebastian. David. Laurin. Ada.
Alma Frida. Benno & Frida. Wim.
Ella & Jana. Paulina & Margo. Max & Lennard. Nora. Felix.
Vincent & Ella. Paul & Lena. Maximilian & Katharina.
Noe & Kai. Jonne. Konstantin. Franziska.
Mia, Emil & Ida. Sophie. Alice & Kira. Dayo.
Vinzenz. Moyan. Joshua & Emily.
Ida-Marit & Emil. Julius & Severin.
Jakob & Katharina. Lorenzo & Matteo. Hannah & Florian.
Johanna, Amelie & Jakob. Felix & Leo. Levi & Nayla.
Luis & Lorenz. Lotta & Lina. Maya & Nicolas.
Lewin & Marie. Leon Noel & Marie Sophie.
Theo. Leonel & Lotta. Emma & Felix.
Marie, David & Luis. Marlin & Elliott.
Elfi. Anton & Jana. Antonia. Lina.
Arthur. Linus & Samuel. Kimi.
Gustav. Leo & Paula. Fabio & David. Arthur.
Hannah. Giaime. Rosmarie & Anton.
Ronja. Laura. Marlon & Juri. Zoe.
Jonathan. Louie. Paula. Albert. Liam. Greta.
Noah & Cleo. Luis & Therese. Johann & Florian.
Illia. Frida. Lotte. Joni & Lauri. Milo & Mavin.
Leo & Anneli. Emma. Leander & Simone.
Lewin & Marie. Magdalena & Jakoba. Samuel & Alma.
Laetitia. Noah. Savita. Jakob. Jonas. Rubi.
Lena, Emma & Luis. Shirin & Tobin. Luca & Mika.
Jonas. Cecilia. Paula. Emilia. Matteo. Tommy.
Nando & Oscar. Maximilian. Lola. Lucas & Niels.
Lea & Sophia. Moses, Aaron & Isaac. Marie.
Leo & Ella. Benjamin & Leonora. Theo & Ella.
Diego & Oscar. Flora & Moritz. Matthäus & Casper.
Naima & Enzo. Leo & Eileen. Lucia.
Paul. Isabella. Johanna. Luisa.
Anton & Jonas. Jona & Oskar. Ella, …

alle anderen Kinder auf der Welt und
alle, die noch kommen.

Wie lese ich dieses Buch?

Du kannst dieses Buch von vorn nach hinten lesen, als Geschichte vom Urknall bis in die Zukunft. Oder du suchst dir nach Lust und Laune heraus, was dich gerade interessiert.

Du kannst das Buch irgendwo aufschlagen und einfach eintauchen, oder du kannst auf den einzelnen Seiten nach Fatima und versteckten Kinderbuchhelden suchen.

Wo finde ich was?

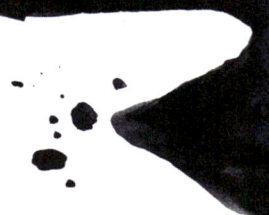

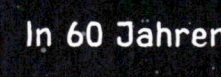

warum eigentlich Erdöl?

Alter: ca. **96.000.000 – 500.000.000 J.**

Wohnhaft: Meist in unterirdischen Hohlräumen,
versteckt sich auch in Sand & porösem Gestein

Besonderes Merkmal: Zähflüssige Substanz voller Energie

Besteht aus: Lange Ketten aus Kohlen- & Wasserstoff-Molekülen

Verwandt mit: Erdgas, Kohle & anderen fossilen Brennstoffen

Anwendungsgebiete: Treibstoff für Mobilität und Energiegewinnung;
Grundbaustein für Millionen von Produkten

Erfolge: Industrielle Revolution

⚠ Problem: Intensive Verbrennung von Ölprodukten trägt durch den Treibhauseffekt des freigesetzten CO_2s zur globalen Erwärmung bei

Hallo, ich bin Fatima!

Genau wie du sitze ich gerade auf diesem unglaublichen Planeten, unserer wundervollen Erde.

Auf ihr finden wir die Luft zum Atmen, Wasser zum Überleben und Sonnenstrahlen zum Wärmen. Scheinbar endlose Steppen, trockene Wüsten, kalte Eismassen am Süd- und Nordpol, schützende Berge und fruchtbare Täler, Seen und Meere voller Fische, dichte Wälder und weite Wiesen voller Tiere bestimmen ihr Aussehen.

Wertvolle Schätze wie Kristalle, seltene Erden und Steine, nützliche und auch energiereiche Materialien stecken tief in Bergen, in Höhlen und im Meeresboden. Diese Rohstoffe sind sehr wertvoll für uns, denn wir bauen damit z.B. Straßen und Häuser, aber auch Maschinen oder stellen Alltagsgegenstände her.

Aber wie ist das alles entstanden und wie sind wir Menschen zu den Menschen geworden, die wir heute sind? Die Entwicklung der Menschheit ist geprägt von Erfindergeist, von der Suche nach Rohstoffen und davon, sich die Schätze der Welt nutzbar zu machen.

Die Fähigkeit, Feuer zu machen, war wohl – neben der Sprache – einer der größten Meilensteine in der Menschheitsgeschichte. Später entdeckte der Mensch, dass Ton zu Keramik gebrannt werden kann und dass aus manchen Mineralien Metalle gewonnen werden können. Kupfer, Bronze und Eisen konnten hergestellt werden und somit auch neue Werkzeuge und Waffen. Ganze Zeitalter wurden nach diesen Materialien benannt.

Als man später herausfand, dass Kohle noch viel mehr Energie freisetzt als trockenes Holz, war es nicht mehr weit bis zu riesigen Dampfmaschinen, Eisenbahnen, Schiffen, Fabriken und Kraftwerken. Mit ihnen war der Gedanke an scheinbar grenzenloses Wachstum geboren. Und dann betrat wohl der König der fossilen Energieträger die Bühne: das **Erdöl**.

Der Mensch nutzte das vor Energie strotzende Erdöl schon seit Jahrtausenden in kleinen Mengen. Aber erst in der Mitte des 19. Jahrhunderts entdeckten einige Männer im Süden der USA die ersten riesigen unterirdischen Vorkommen und lösten damit den Beginn eines neuen Zeitalters aus!

Erdöl treibt heute unsere Welt an. Ob als Antrieb für Maschinen und Motoren, für Kraftwerke und Heizungen oder als Grundbaustein für verschiedenste Produkte. Unser Hunger nach dieser Form der gespeicherten Energie wächst und wächst.

Wir verbrennen Erdöl, das viele Millionen Jahre alt ist, nun viel rascher, als es wieder neu entstehen kann. Zudem wird bei der Verbrennung schädliches Kohlendioxid (CO_2) in die Atmosphäre ausgestoßen. In so großen Mengen bringt dies vieles aus dem Gleichgewicht und wir können heute schon die verheerenden Auswirkungen auf unser Klima beobachten.

Wie also könnte eine Welt ohne Erdöl aussehen, eine Welt, die mit ihren Rohstoffen nachhaltiger umgeht?

Lass uns gemeinsam zu einer fantastischen Entdeckungsreise aufbrechen. Zuerst gehen wir zurück zum Urknall und schauen uns an, wie alles entstanden ist, und nehmen dabei Naturgesetze und wissenschaftliche Phänomene genauer unter die Lupe. Wir landen dann in der Gegenwart und schauen, wie Menschen und Waren transportiert werden und wo sich bei uns zu Hause überall Erdöl versteckt. Danach nutzen wir unsere Fantasie und fliegen gemeinsam in das Jahr 2080 und träumen von einer **Welt ohne Erdöl** und wie schön sie aussehen könnte.

Alle startklar?

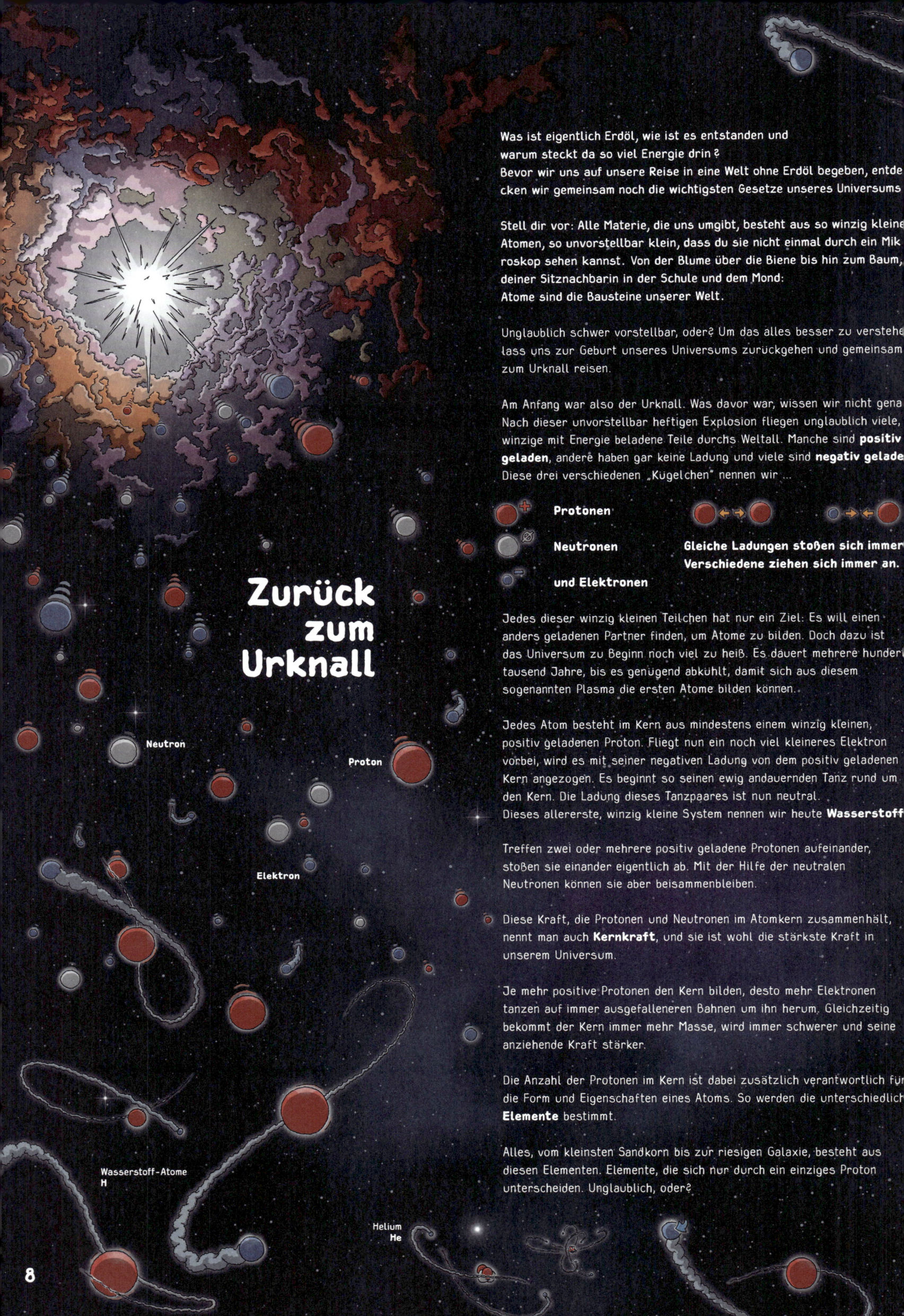

Was ist eigentlich Erdöl, wie ist es entstanden und
warum steckt da so viel Energie drin?
Bevor wir uns auf unsere Reise in eine Welt ohne Erdöl begeben, entde
cken wir gemeinsam noch die wichtigsten Gesetze unseres Universums

Stell dir vor: Alle Materie, die uns umgibt, besteht aus so winzig kleine
Atomen, so unvorstellbar klein, dass du sie nicht einmal durch ein Mik
roskop sehen kannst. Von der Blume über die Biene bis hin zum Baum,
deiner Sitznachbarin in der Schule und dem Mond:
Atome sind die Bausteine unserer Welt.

Unglaublich schwer vorstellbar, oder? Um das alles besser zu verstehe
lass uns zur Geburt unseres Universums zurückgehen und gemeinsam
zum Urknall reisen.

Am Anfang war also der Urknall. Was davor war, wissen wir nicht gena
Nach dieser unvorstellbar heftigen Explosion fliegen unglaublich viele,
winzige mit Energie beladene Teile durchs Weltall. Manche sind **positiv
geladen**, andere haben gar keine Ladung und viele sind **negativ gelade**
Diese drei verschiedenen „Kügelchen" nennen wir ...

Protonen

Neutronen

und Elektronen

Gleiche Ladungen stoßen sich immer
Verschiedene ziehen sich immer an.

Jedes dieser winzig kleinen Teilchen hat nur ein Ziel: Es will einen
anders geladenen Partner finden, um Atome zu bilden. Doch dazu ist
das Universum zu Beginn noch viel zu heiß. Es dauert mehrere hunder
tausend Jahre, bis es genügend abkühlt, damit sich aus diesem
sogenannten Plasma die ersten Atome bilden können.

Jedes Atom besteht im Kern aus mindestens einem winzig kleinen,
positiv geladenen Proton. Fliegt nun ein noch viel kleineres Elektron
vorbei, wird es mit seiner negativen Ladung von dem positiv geladenen
Kern angezogen. Es beginnt so seinen ewig andauernden Tanz rund um
den Kern. Die Ladung dieses Tanzpaares ist nun neutral.
Dieses allererste, winzig kleine System nennen wir heute **Wasserstoff**

Treffen zwei oder mehrere positiv geladene Protonen aufeinander,
stoßen sie einander eigentlich ab. Mit der Hilfe der neutralen
Neutronen können sie aber beisammenbleiben.

Diese Kraft, die Protonen und Neutronen im Atomkern zusammenhält,
nennt man auch **Kernkraft**, und sie ist wohl die stärkste Kraft in
unserem Universum.

Je mehr positive Protonen den Kern bilden, desto mehr Elektronen
tanzen auf immer ausgefalleneren Bahnen um ihn herum. Gleichzeitig
bekommt der Kern immer mehr Masse, wird immer schwerer und seine
anziehende Kraft stärker.

Die Anzahl der Protonen im Kern ist dabei zusätzlich verantwortlich für
die Form und Eigenschaften eines Atoms. So werden die unterschiedlich
Elemente bestimmt.

Alles, vom kleinsten Sandkorn bis zur riesigen Galaxie, besteht aus
diesen Elementen. Elemente, die sich nur durch ein einziges Proton
unterscheiden. Unglaublich, oder?

Zurück zum Urknall

Neutron

Proton

Elektron

Wasserstoff-Atome
H

Helium
He

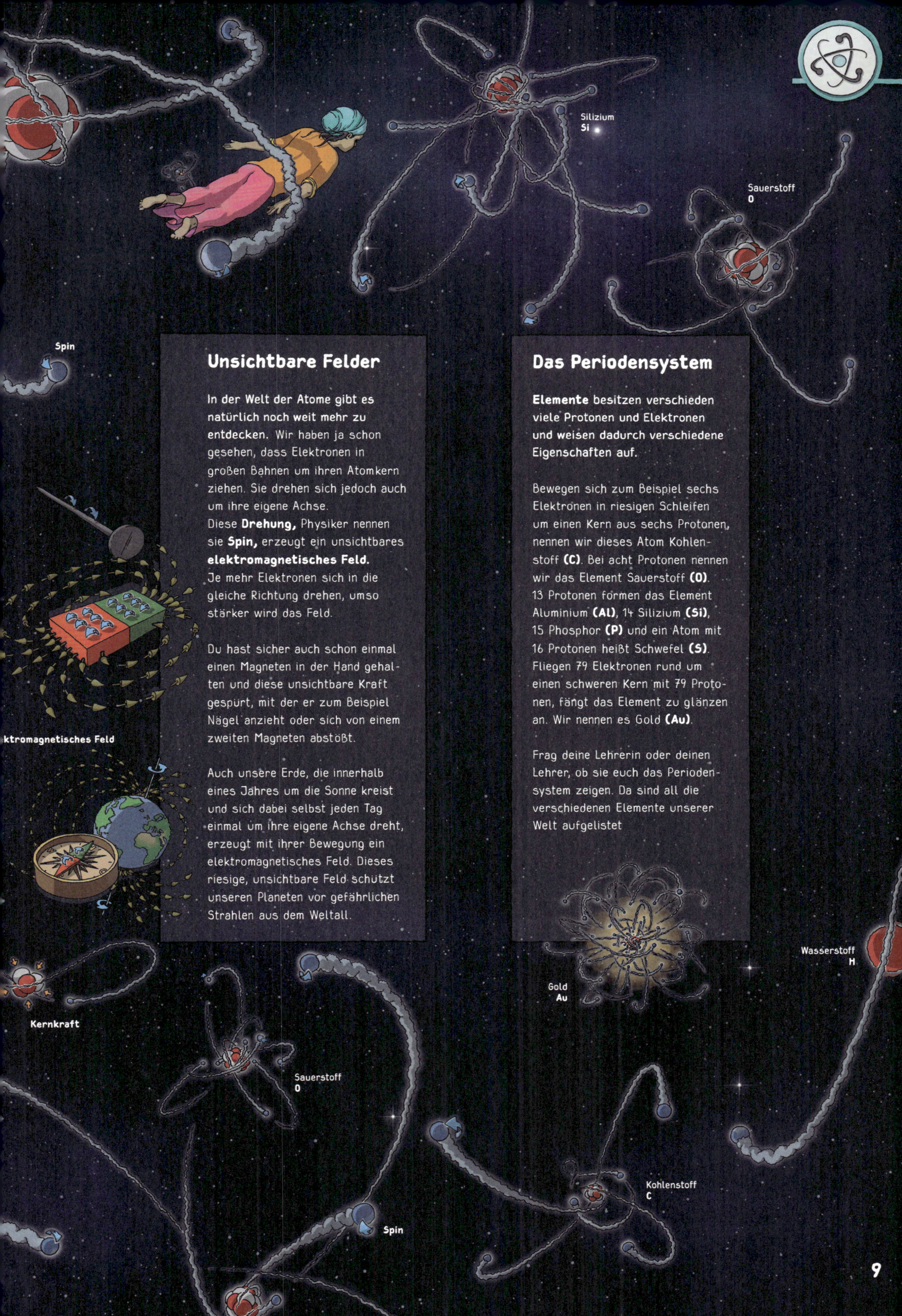

Unsichtbare Felder

In der Welt der Atome gibt es natürlich noch weit mehr zu entdecken. Wir haben ja schon gesehen, dass Elektronen in großen Bahnen um ihren Atomkern ziehen. Sie drehen sich jedoch auch um ihre eigene Achse.
Diese **Drehung,** Physiker nennen sie **Spin,** erzeugt ein unsichtbares **elektromagnetisches Feld.**
Je mehr Elektronen sich in die gleiche Richtung drehen, umso stärker wird das Feld.

Du hast sicher auch schon einmal einen Magneten in der Hand gehalten und diese unsichtbare Kraft gespürt, mit der er zum Beispiel Nägel anzieht oder sich von einem zweiten Magneten abstößt.

Auch unsere Erde, die innerhalb eines Jahres um die Sonne kreist und sich dabei selbst jeden Tag einmal um ihre eigene Achse dreht, erzeugt mit ihrer Bewegung ein elektromagnetisches Feld. Dieses riesige, unsichtbare Feld schützt unseren Planeten vor gefährlichen Strahlen aus dem Weltall.

Das Periodensystem

Elemente besitzen verschieden viele Protonen und Elektronen und weisen dadurch verschiedene Eigenschaften auf.

Bewegen sich zum Beispiel sechs Elektronen in riesigen Schleifen um einen Kern aus sechs Protonen, nennen wir dieses Atom Kohlenstoff **(C)**. Bei acht Protonen nennen wir das Element Sauerstoff **(O)**. 13 Protonen formen das Element Aluminium **(AL)**, 14 Silizium **(Si)**, 15 Phosphor **(P)** und ein Atom mit 16 Protonen heißt Schwefel **(S)**. Fliegen 79 Elektronen rund um einen schweren Kern mit 79 Protonen, fängt das Element zu glänzen an. Wir nennen es Gold **(Au)**.

Frag deine Lehrerin oder deinen Lehrer, ob sie euch das Periodensystem zeigen. Da sind all die verschiedenen Elemente unserer Welt aufgelistet

Silizium
Si

Sauerstoff
O

Spin

ktromagnetisches Feld

Kernkraft

Sauerstoff
O

Spin

Gold
Au

Wasserstoff
H

Kohlenstoff
C

Orbitale

Orbitale

Wassermoleküle
H₂O

Die Bausteine
unserer Welt

Soweit alles klar?

**Aber wie entsteht nun aus den verschiedenen Elementen all das,
was in unserem Universum existiert?**

Jetzt wird es kompliziert und gleichzeitig richtig spannend:

Die verschiedenen Elemente fliegen immer in einem gewissen Abstand
durch die Gegend, da sich positiv geladene Atomkerne immer voneinander
abstoßen. Auch die Schleifen, die die Elektronen dabei um ihren Kern
ziehen, bewegen sich im größtmöglichen Abstand voneinander, und das
nur in imaginären Räumen, die Atomphysiker auch **Orbitale** nennen. Sie
bestimmen die ersten Formen, die ein Atom annimmt. Maximal zwei
Elektronen tanzen jeweils in einem dieser sogenannten Orbitale.

So bewegen sich bei Kohlenstoff (C) sechs Elektronen in riesigen
Schleifen um seinen Kern aus sechs Protonen. Seinem Kern am nächsten
liegt ein kugelrundes Orbital, das mit zwei Elektronen schon voll ist.
Die vier weiteren Elektronen ziehen dabei in vier entgegengesetzten
Schleifen allein um den Kern und bilden vier neue Orbitale. Bei dem
Element Sauerstoff (O) sind es acht Elektronen um einen Kern mit acht
Protonen. Der innere sowie zwei äußere Orbitale sind jeweils mit zwei
Elektronen schon voll. Sauerstoff hat somit nur mehr zwei Orbitale mit
jeweils einem Elektron.

Elektronen, die allein in einem Orbital unterwegs sind, suchen nach
anderen Atomen, die auch noch freie Plätze in ihren Orbitalen haben.
Das können gleiche oder auch andere Elemente sein. In diesen halb
besetzten Orbitalen beginnen sie nun umeinander Schleifen zu ziehen,
es entsteht eine Verbindung und somit die erste kleine Gruppe. Diese
winzig kleine Gruppe nennen wir **Molekül.** Moleküle verbinden sich meist
immer weiter und werden so zu langen Ketten und Ringen, Röhren und
Strukturen, zu Zellen und Kristallen, zu Pflanzen und Tieren.

Damit unsere Atome und Moleküle jedoch weitersuchen, neue
Verbindungen eingehen oder sich von Partnern wieder lösen, braucht
es noch eine ganz wichtige Zutat: **Energie!**

Die Energie in unserem Universum ist immer noch die gleiche wie beim
Urknall. Energie entsteht nicht, sie verwandelt sich nur ständig. Kann
gespeichert und wieder abgegeben werden. Ohne Energie hätte unser
Universum nicht entstehen können und es würde kein Leben geben.

Was ist aus der ungeheuren Urknall-Energie geworden?
Woher kommt sie heute?

Nach dem Urknall vor etwa 13.800.000.000 Jahren kühlt das Universum
immer mehr ab, bis sich aus den herumwirbelnden Atomen und Molekülen
große Gaswolken bilden. Überall in unserem Kosmos entstehen riesige
Wasserstoffnebel, die an vielen Stellen so dicht sind, dass sich erste
größere Ansammlungen bilden. Sie locken mit ihrer Anziehungskraft
immer mehr der leichten Wasserstoffatome aus der umliegenden
Gaswolke an. Das Zentrum wird immer dichter und seine Anziehungskraft
stärker. Die kleinen Atome aus dem All rasen zunehmend schneller darauf
zu. Im sich verdichtenden Zentrum schlagen sie in andere Wasserstoff-
atome so heftig ein, dass sie mit ihnen zu Helium verschmelzen. Physiker
nennen das Kernfusion. Dabei wird enorme Energie freigesetzt, die sich
kräftigen Wellen in alle Richtungen unseres Kosmos ausbreitet.
Die ersten heiß strahlenden **Sonnen entstehen.**

Festes H₂O   Flüssiges H₂O   Gasförmiges H₂O

Fest, flüssig, gasförmig

Je nachdem, wie viel Energie und Druck auf Moleküle einwirken, sind sie entweder fest, werden flüssig oder verdampfen in Form von Gas. Diese drei Formen nennen wir **Aggregatzustände**.

Jedes Element benötigt verschieden viel Energie, um seinen Aggregatzustand zu verändern. Metalle brauchen im Vergleich zu Wasser viel höhere Temperaturen, um zu schmelzen, und noch weit mehr Energie, um sich in Gas zu verwandeln. Stickstoff, der über drei Viertel unserer Luft ausmacht, wird hingegen erst bei sehr niedrigen Temperaturen flüssig und bei noch niedrigeren fest. Bei etwa minus 200 °C würde unsere Atmosphäre frieren und unseren Planeten mit einer festen Eishülle umgeben.

Junge Sonne

Energiepakete (Photonen)

Energie aufnehmen

Wasser H₂O

Sauerstoff O₂

Energie abgeben

W-Lan 10 m

Radiowellen 1 m

Mikrowellen 0,1 mm

Bluetooth 0,001 mm

Sichtbares Licht 0,0004 - 0,0007 mm

UV-Strahlung 0,0001 mm

Röntgenstrahlung 0,00001 mm

Gammastrahlung 0,000000001 mm

Energie ist überall

Um zu verstehen, warum Erdöl für uns so wichtig ist, müssen wir uns nun erst mal die Energie genauer anschauen. Durch Energie setzen wir uns in Bewegung, mit Energie halten wir uns warm. Energie kann in Molekülen gespeichert werden, sie verwandelt sich ständig, kann aber nie verloren gehen.

Energie bewegt sich fast immer **wellenförmig** fort. Die Wellen haben unterschiedliche Längen, die meisten sind aber für das menschliche Auge unsichtbar. Nur ganz wenige können wir in Form von Licht und Farben sehen. Längere Wellen können wir zum Beispiel in Form von Wärme spüren. Mit ganz kurzen, den sogenannten Röntgenwellen, können wir sogar durch Körper blicken und mit kilometerlangen Wellen kann man Informationen zu Radios und Funkgeräten schicken.

Junges Sonnensystem

Die Entstehung unserer Erde

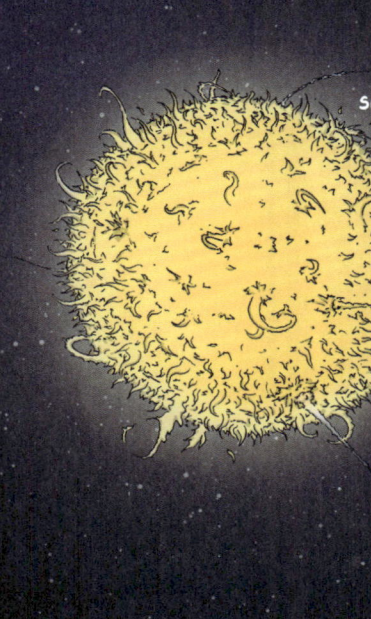

Die **Schwerkraft**
lässt Himmelskörper
verschmelzen

Rund um die jungen Sonnen bilden sich überall im Universum riesige, scheibenförmige Staubwolken, in denen auch schwere Atome und Moleküle um ihren Stern kreisen. In dieser Wolke aus Sternenstaub verbinden sich Atome zu Molekülen, Staubkörner zu Steinklumpen, Gesteinsbrocken zu Asteroiden, bis sich irgendwann dank der Schwerkraft sogar ganze **Planeten** bilden.

Jeder Körper, ob winziges Atom oder riesengroße Sonne, besitzt seine eigene Anziehungskraft, die mit zunehmender Größe und zunehmendem Gewicht stärker wirkt. Wissenschaftler nennen diese Kraft **Schwerkraft** oder **Gravitation.**

Auch wenn die Gravitation die wohl schwächste Kraft im Universum ist, hält sie die Planeten auf ihren Bahnen um die Sonne und Monde auf ihren Bahnen um Planeten. So werden ganze **Galaxien** und riesige **Sonnensysteme** geboren.

Ähnlich wie Pflanzen, Tiere und Menschen durchlaufen auch Sonnen und Planeten einen Zyklus. Sie werden geboren, altern und sterben irgendwann. Da Galaxien und Sterne jedoch mehrere Milliarden Jahre alt werden, hilft es, wenn wir uns erst einmal vorstellen, dass für diese riesengroßen Gebilde alles viel, viel langsamer abläuft. Lass uns dafür **Fatimas Zeitrechnung der Gaia-Jahre** verwenden. Sonst machen uns die vielen Nullen schwindlig.

Auch unser Sonnensystem entwickelt sich vor etwa 145 Gaia-Jahren aus einer Gaswolke mitten in der Milchstraße. Im Zentrum entsteht unsere Sonne, um die herum sich während der nächsten vier bis fünf Gaia-Jahre Planeten wie Venus, Mars, Jupiter, Saturn und natürlich auch **unsere Erde** bilden.

Immer noch fliegen zu dieser Zeit unzählige große und kleine Asteroiden kreuz und quer durchs Sonnensystem. Kommen sie einem Planeten in die Quere, werden sie

von ihm angezogen und schlagen als Meteorit auf ihm ein. Dieses Bombardement dauert so lange, bis fast alle großen Brocken von Sonne, Planeten und Monden eingefangen sind. Auch unsere Erde hat auf diese Art und Weise irgendwann genügend unterschiedliche Elemente gesammelt, damit die Welt, wie wir sie kennen, entstehen könnte.

Unsere junge Erde zieht die schwersten Atome immer mehr ins Zentrum und so entsteht unter extremem Druck im Laufe der Zeit ein **dichter und fester Eisenkern**. In diesem Kern aus unzähligen Eisenatomen bewegen sich unvorstellbar viele Elektronen, die dauernd aneinanderstoßen, ihre Richtungen ändern und wiederum andere Atome anstoßen. Das führt dazu, dass unser Erdkern unglaublich heiß ist. Wissenschaftler schätzen, dass dort heute Temperaturen um die 6.000 °C herrschen, trotzdem bleibt der Metallkern unter dem enormen Druck fest.

Auch im **äußeren flüssigen Kern** befinden sich viele schwere Eisen- und Nickelatome. Darunter mischen sich jedoch noch zahlreiche leichtere Elemente, die dafür sorgen, dass der äußere Kern bei extrem heißen Temperaturen und hohem Druck flüssig bleibt. Diese zähflüssige Masse aus den verschiedensten Elementen nennt man Magma.

Es wälzt sich bei hohem Druck und hohen Temperaturen unentwegt um den Erdkern. Diese Drehbewegung ist auch

mitverantwortlich für den elektromagnetischen Schutzschild um unseren Planeten.

Je weiter wir uns vom Kern entfernen, umso geringer wird der Druck und umso kühler wird die Temperatur. Das führt dazu, dass sich eine **feste Kruste** bildet. Sie besteht aus erstarrten Gesteinsschichten und trennt den flüssigen Kern von der Erdoberfläche mit seinen Ozeanen und der Atmosphäre. Auf dieser Erdkruste leben heute wir Menschen, Tiere sowie Pflanzen, zwei Drittel der gesamten Oberfläche werden dabei von Ozeanen bedeckt.

An manchen Stellen hält die feste Kruste dem inneren Druck und den enormen Temperaturen nicht mehr Stand und spuckt hin und wieder ein riesiges Paket von verschiedensten Atomen und Molekülen aus. Wir kennen das als Vulkanausbruch.

Die schwereren Atome und Moleküle im flüssigen Magma verfestigen sich dann dank der geringeren Temperaturen auf der Erdoberfläche und lassen so die ersten Inseln und Berge entstehen. Die leichteren Atome und Moleküle werden bei einem Vulkanausbruch in die Höhe geschleudert und erzeugen im Laufe von 25 Gaia-Jahren eine **schützende Atmosphäre** um unseren Planeten, in der sich Leben entwickeln kann. Sie gibt uns nicht nur die Luft zum Atmen, sie schützt auch das Leben auf der Erde vor Einwirkungen aus dem Weltall und ist für das Klima verantwortlich.

Fatimas Zeitrechnung in Gaia-Jahren:

Zeit ist relativ und hängt von der Größe des Betrachters ab. Um uns Veränderungen auf unserem Planeten besser vorstellen zu können, verwenden wir ein sogenanntes Zeitmodell:

Für einen Menschen fühlt sich ein Tag wie ein Tag an. Für die kleine Eintagsfliege ist ein Tag wie ein ganzes Leben. Nun stellen wir uns vor, unsere Erde wäre ein Lebewesen. Wegen ihrer enormen Größe braucht jede ihrer Bewegungen oder jede Veränderung viel mehr Zeit. Für ein Gebilde dieser Größe fühlt sich **ein ganzes Jahr** mit seinen vier Jahreszeiten wie ein Herzschlag oder Atemzug an oder eben wie eine Sekunde. Die nennen wir jetzt **Gaia-Sekunde.**

Nach diesem Zeitmodell ...

wurde unser Sonnensystem vor etwa 145 Gaia-Jahren geboren. entwickelten sich vor etwa 120 Gaia-Jahren die ersten Lebewesen wie Bakterien, Algen und Pilze. schwammen erst vor etwa zwanzig Gaia-Jahren die ersten Fische durch die Ozeane. starben vor etwa zwei Gaia-Jahren die letzten Dinosaurier aus. ist das älteste menschliche Skelett, das bis heute gefunden wurde, gerade einmal zwei Gaia-Tage alt. wird ein Mensch etwa ein bis eineinhalb Gaia-Minuten alt.

Atmosphäre
85 km

Erdkruste
5 – 70 km

Innerer Erdkern
5.100 km
↓

Mond

Junge Erde

Druck & Dichte

Verschiedene Materialien haben verschiedene Eigenschaften.

Eine davon ist die **Dichte**, also wie schwer ein Stoff von jeweils gleicher Größe ist. Steine besitzen eine höhere Dichte als Wasser und sinken dadurch auf den Grund. Holz hat im Allgemeinen eine geringere Dichte und schwimmt daher an der Wasseroberfläche. Das Heliumgas in einem Luftballon hat eine so geringe Dichte, dass der Ballon sogar in den Himmel steigt. Auch die einzelnen Elemente besitzen, je nachdem wie viele Elektronen um ihren Kern fliegen, eine höhere oder niedrigere Dichte und sind so schwerer oder leichter.

Entscheidend für die Dichte ist auch, wie viel **Druck** auf Atome und Moleküle ausgeübt wird. Alle Atome, egal wie leicht oder schwer, werden vom Erdkern angezogen und wollen ihm so nahe wie möglich kommen. Je näher sie dem Erdkern rücken, desto enger sind die Elemente aneinandergereiht und desto höher wird der Druck. Den Unterschied des Drucks spürst du auch an der Luft. Auf Berggipfeln herrscht wenig Druck, während im Tal die verschiedenen Moleküle dichter aneinandergereiht sind.

Das Leben beginnt

Warum gibt es dich und mich eigentlich?

Seit unser Sonnensystem entstanden ist,
dreht sich unser Planet um die Sonne.
In der Atmosphäre sammelten sich riesige Wolken und es begann
zu regnen. Jahrtausendelang regnete es ununterbrochen und
gewaltige Gewitter entluden sich, sodass irgendwann ein Großteil
der Erdoberfläche mit Wasser bedeckt war.

Diese riesigen Ozeane bieten vor etwa 120 Gaia-Jahren eine Umgebung,
die langsam Leben ermöglichte. Bei heißen Quellen tief unten im Meer
oder in flachen, sonnigen Tümpeln verknüpfen sich Atome wie Kohlenstoff und Wasserstoff mit vielen anderen Elementen zu verschiedenen
Molekülen. Dabei entstehen Aminosäuren, Zucker, Basen und Fette, die
gemeinsam sogenannte Polymerketten bilden. Diese winzigen Ketten
kann man eigentlich schon lebendig nennen. Um sich gegen schädliche
Einflüsse von außen zu schützen, verbünden sie sich zu Zellen,
die wir heute **Bakterien**, **Algen** oder **Pilze** nennen.

Diese ersten **Zellen** erfinden auch die Photosynthese,
bei der sie Kohlenstoffdioxid (CO_2) in Sauerstoff (O_2) verwandeln. Der produzierte Sauerstoff steigt dank seines leichten Gewichts
in die Atmosphäre, reagiert dort mit der starken Sonneneinstrahlung und
wird zu Ozon (O_3). Über Milliarden von Jahren entsteht so eine dünne
Ozonschicht, die unseren Planeten vor lebensfeindlicher Strahlung aus
dem All schützt. Währenddessen sammelt sich auch im Wasser immer
mehr Sauerstoff, der die Entstehung von größeren Lebewesen ermöglicht.
Diese Geschöpfe pflanzen sich fort, ihre Nachkommen passen sich an die
Umwelt an und so entstehen immer neue Arten, so z.B. auch das, was wir
Plankton nennen. Das sind kleinste Algen, Bakterien und Krebse.

Durch große klimatische Einflüsse und Asteroideneinschläge kommt es
jedoch immer wieder zu großen Massensterben, die fast alle Lebewesen
auslöschen. Auch vor knapp drei Gaia-Jahren sanken massenweise
pflanzliche und tierische Zellen auf den Grund. Dort werden sie über
die Jahrtausende von Schlamm, Sand, Sedimenten und anderen
Materialien bedeckt.

Wie sieht **Plankton** eigentlich aus
und was macht es den ganzen Tag?
Im hinteren Teil des Buches findest du
Fatimas Wissensbibliothek. Sobald du zu
einem Thema mehr erfahren willst, kannst
du jederzeit **ab Seite 42** nachstöbern.

Die Unmengen an Meereslebewesen, die vor fast drei Gaia-Jahren (also
etwa 96.000.000 Jahren) starben, verwandeln sich über Millionen Jahre
zu Erdöl. Es gehört zu den jüngeren Ölen, die wir heute verwenden. Das
älteste ist fünfmal so alt.

Vor etwa zwei Gaia-Jahren (66.000.000 J.)
lassen die Folgewirkungen eines Meteoriten-
einschlags die riesengroßen Dinosaurier
aussterben.

...tzt wird es spannend. Immer mehr Schichten lagern sich über ...n toten Tierchen und Pflanzen ab. Über mehrere hundert Millionen ...hre sammelt sich im abgestorbenen Plankton unter starkem Druck und ...t der Hitze des Erdkerns immer mehr **chemisch gespeicherte Energie.** ...e verschiedenen Moleküle brechen dabei auf und verbinden sich in vielen ...gerstätten zu langen, energiereichen Kohlenwasserstoffverbindungen. ...hflüssiges **Erdöl** und durchsichtiges **Erdgas** sind entstanden.

...e schützende Ozonschicht in der Atmosphäre und das reichliche ...gebot an Nahrung lädt vor etwa zwölf Gaia-Jahren manche Fische, ...ederfüßler, Würmer und Spinnentiere ein, das Festland zu erkunden. ...eiterhin sorgen heftige Meteoriteneinschläge dafür, dass Arten ...ssterben: Riesengroße **Dinosaurier** sterben vor erst zwei Gaia-Jahren ...s und überlassen die Eroberung der Landflächen den sich immer ...hneller entwickelnden **Säugetieren.** Ein Gaia-Jahr später findest du ...erall auf dem Festland Urpferde und Rüsseltiere, Säbelzahnkatzen ...d Nashörner, Fledermäuse und Affen.

Erst vor knapp eineinhalb Gaia-Monaten erheben sich einige dieser **Affenfamilien** auf zwei Beine und haben nun ihre Hände frei, um Werkzeuge zu benutzen. Es entwickeln sich die **ersten Menschen,** die bald die Spitze der Nahrungskette erklimmen. Erst vor knapp drei Gaia-Stunden beginnen viele dieser Menschengruppen sesshaft zu werden, ihre Umwelt zu gestalten, Pflanzen anzubauen und Tiere zu halten.

Das Erdöl, das an manchen Stellen zu dieser Zeit an die Oberfläche tritt, verwenden die Menschen, um Pfeilspitzen an Speere zu kleben und die ersten Boote zu dichten. Im Lauf der Zeit beschert uns der Erfindergeist des Menschen immer mehr Werkzeuge und Maschinen, Konsumgüter und Geräte, die unser tägliches Leben und unsere Kommunikation erleichtern. All diese neuen Errungenschaften werden erst möglich, da Öl und Gas die große Menge an Energie liefern, die dafür gebraucht wird.

Schau!

Erst seit zwei Gaia-Minuten pumpen Menschen dafür mithilfe von unzähligen Bohrtürmen überall auf dem Globus fossile Energie aus der Erdkruste.

Wie sehen eigentlich diese **Kohlenwasserstoffverbindungen** aus? Und warum steckt da so viel Energie drin? Auf **Seite 43** nehmen wir diese verschiedenen Moleküle unter die Lupe.

...el und Säugetiere erobern die ...tinente und werden immer größer.

Gorillas und Schimpansen haben sich vermutlich erst vor zweieinhalb Gaia-Monaten (6.500.000 J.) entwickelt.

Das Jahr null unseres Kalenders beginnt gerade einmal vor knapp 34 Gaia-Minuten. Und erst seit etwas über zwei Gaia-Minuten (über 150 J.) pumpen Menschen das uralte Plankton als Öl und Gas in riesigen Mengen aus der Erde.

Kreuz & quer

Wir fahren in den Urlaub, ins Büro, zum Einkaufen, zum Arzt, ins Kino oder ins Theater. Wir besuchen Freunde und Verwandte bei Hochzeiten und Geburtstagsfeiern. Wir fliegen auf fremde Kontinente, schippern durchs Mittelmeer und zu tropischen Inseln.

Auch all die Dinge, die wir in Geschäften finden, reisen oft mehrere tausend Kilometer rund um unseren Planeten. Da werden Bananen von Süden nach Norden transportiert, Mobiltelefone von Norden nach Süden verschifft, Pumpen von Westen nach Osten geliefert und Jeans von Osten nach Westen verfrachtet. Unsere Raffinerien liefern dafür den Treibstoff.

Schau, überall Fahrzeuge!
Und alle werden mit dem Verbrennungsmotor angetrieben.

Tankstellen und Zapfsäulen liefern ausreichend **Benzin** für Autos und Mopeds, genügend **Kerosin** für Passagierflugzeuge und Propellermaschinen, massenweise **Diesel** für Lastkraftwagen und Reisebusse, genug **Schweröl** für Tanker und Fähren, Kreuzfahrtschiffe und Fischkutter.

Knapp über zwei Drittel des Rohöls werden zu **Treibstoffen** verarbeitet. Aus dem übrigen Drittel werden unter anderem Teile der Karosserie und Reifen hergestellt. Selbst in den asphaltierten Straßen steckt tonnenweise **Bitumen** aus den Rohölraffinerien.

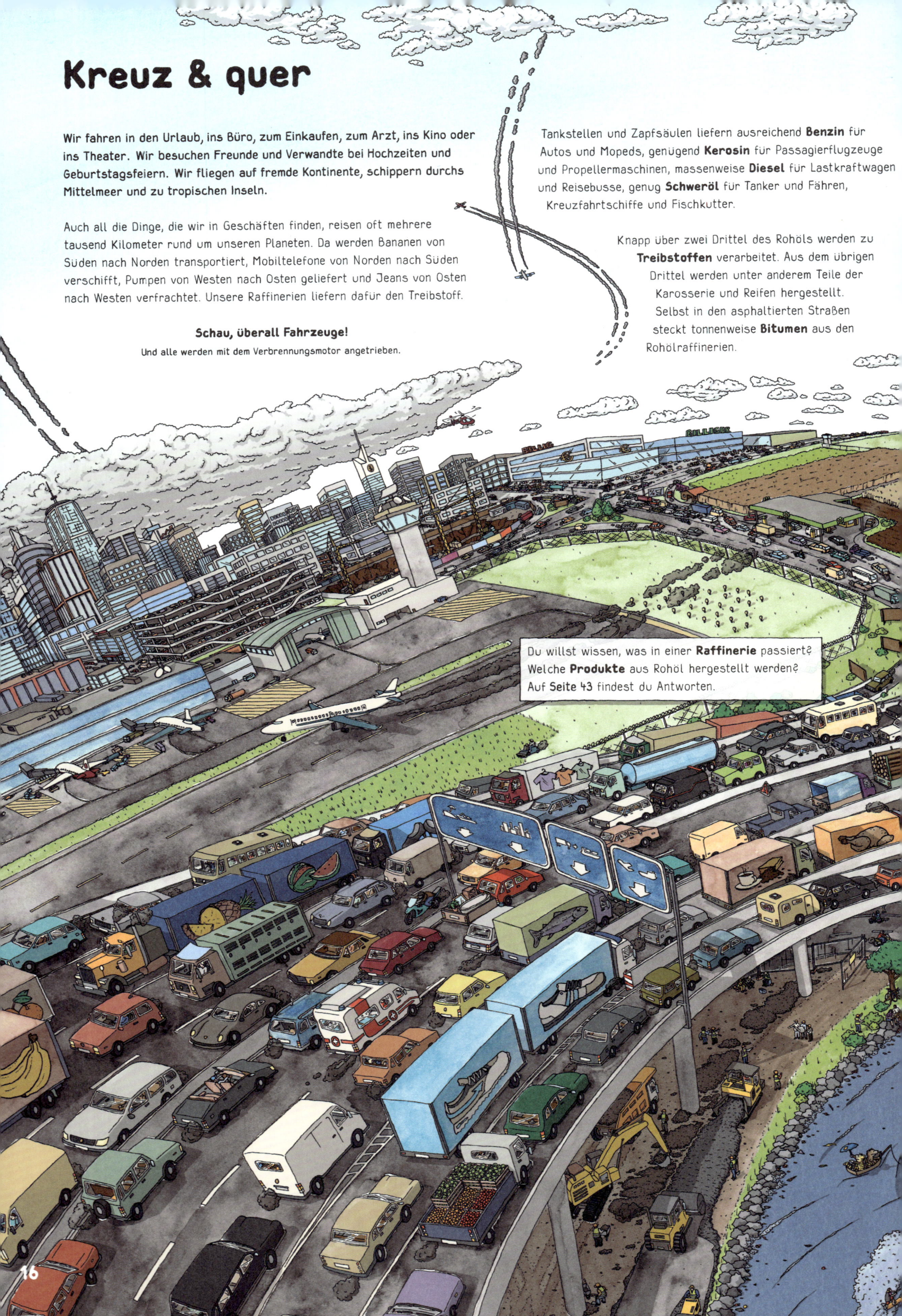

Du willst wissen, was in einer **Raffinerie** passiert? Welche **Produkte** aus Rohöl hergestellt werden? Auf **Seite 43** findest du Antworten.

Mithilfe des Verbrennungsmotors haben die Menschen die Welt erobert: zu Land, zu Wasser und in der Luft. Sogar bis zum Mond und darüber hinaus! Und es wird weiter erobert und gebaut:

mehr Flugpisten, mehr Häfen, mehr Straßen,
mehr Flugzeuge, mehr Schiffe, mehr Autos.

Fällt dir auch auf, dass viele Fahrzeuge fast immer geparkt sind? Dass sie den größten Teil des Tages stehen und oft nur für kurze Fahrten verwendet werden? Dass sie irgendwann zu rosten beginnen und schlussendlich auf dem Schrottplatz landen? Könnten hier nicht auch Bäume stehen, die uns allen jeden Tag gebührenfrei gute Luft und Schatten spenden?

Willst du erfahren, wie ein **Verbrennungsmotor** funktioniert und wie er Benzin in Bewegung verwandelt? ... Schau einfach auf **Seite 43** vorbei.

Unter Strom

Hörst du, wie die Leitungen surren?
Über Hunderte von Kilometern leiten sie elektrischen Strom in die Stadt
und versorgen uns ohne Unterbrechung mit Elektrizität. Und das ist gut
so, denn es scheint, als ob in jeder Ecke durstige Geräte stehen,
die wir im Alltag benutzen.

Smartphones, Fotoapparate, Schreibtischlampen, Deckenleuchten,
Kühlschränke, Herdplatten, Waschmaschinen, Staubsauger, Heizungen,
Boiler, Flatscreens, Laptops, Spielkonsolen, Satellitenschüsseln, Straßen-
laternen, Leuchtreklamen, Geschäfte, Werkstätten, Büros und Fabriken ...

All dies läuft und noch vieles mehr, leuchtet, knattert,
dröhnt und surrt dank **Strom.**

Was passiert denn in **Kraftwerken?**
Und was sind überhaupt fossile **Brennstoffe?**
Auf **Seite 42 & 43** gibt es Erklärungen für dich.

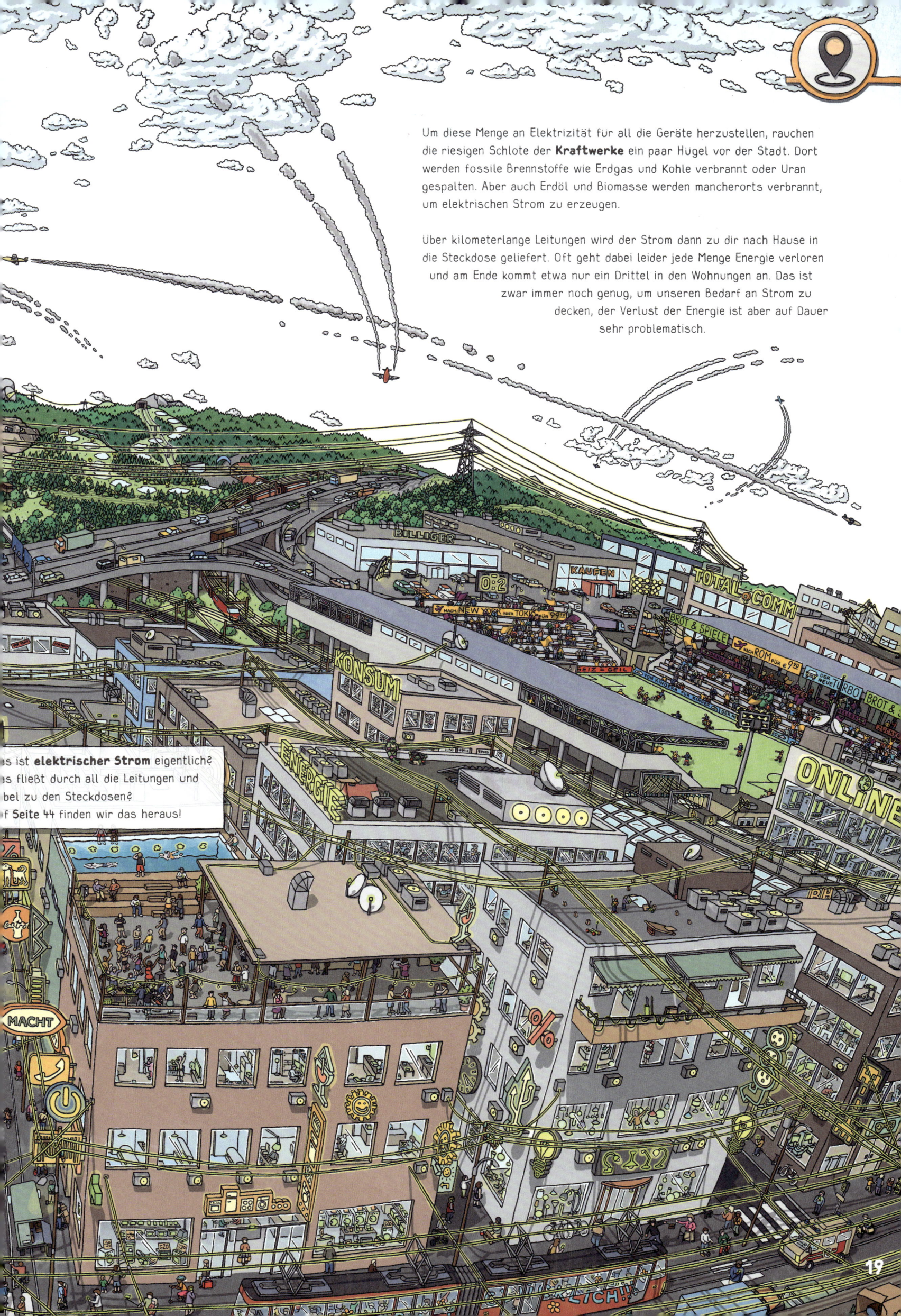

Um diese Menge an Elektrizität für all die Geräte herzustellen, rauchen die riesigen Schlote der **Kraftwerke** ein paar Hügel vor der Stadt. Dort werden fossile Brennstoffe wie Erdgas und Kohle verbrannt oder Uran gespalten. Aber auch Erdöl und Biomasse werden mancherorts verbrannt, um elektrischen Strom zu erzeugen.

Über kilometerlange Leitungen wird der Strom dann zu dir nach Hause in die Steckdose geliefert. Oft geht dabei leider jede Menge Energie verloren und am Ende kommt etwa nur ein Drittel in den Wohnungen an. Das ist zwar immer noch genug, um unseren Bedarf an Strom zu decken, der Verlust der Energie ist aber auf Dauer sehr problematisch.

...s ist **elektrischer Strom** eigentlich? ...s fließt durch all die Leitungen und ...bel zu den Steckdosen? ...f **Seite 44** finden wir das heraus!

Heizen, Wohnen, Waschen

Hast du Lust, mit mir zu entdecken, was alles aus Erdöl hergestellt wird? Es ist kaum zu glauben, dass in so vielen Dingen, denen wir im Alltag begegnen, Erdöl steckt! Zaubern wir hier mal einfach alle Produkte, in denen Erdöl steckt, **durchsichtig!** Unglaublich! **Schau, wie viele das sind!**

Aus Erdöl lassen sich die wunderbarsten Dinge herstellen. In diesem unglaublichen Rohstoff stecken so komplexe Molekülstrukturen, die seine Weiterverarbeitung zu so ziemlich allem möglich machen. Ein **Kunststoff** im wahrsten Sinne des Wortes. Mit verschiedensten Zutaten verarbeitet man die unterschiedlichen Moleküle aus den Erdölraffinerien zu den tollsten Sachen. In Fabriken entstehen daraus Fußbälle und Plastik- flaschen, Badehosen und Winterjacken. Turnschuhe und Luftmatratzen, Duschvorhänge und Gartenmöbel. Gehäuse für Fernseher und Smart- phones, Spielkonsolen und Kaffeemaschinen.

Entdeckst du noch mehr durchsichtige Dinge?

Auch das Bitumen, das tonnenweise in all den asphaltierten Straßen steckt, wird in den Raffinerien gewonnen. Und in den Autos, die darauf unterwegs sind, findest du sowieso jede Menge Erdölprodukte. Neben Benzin oder Diesel, dem Lack, Teilen der Karos serie und den Reifen gibt es in jedem Motor Schmieröl Erdölmoleküle stecken auch dort, wo du sie im ersten Moment gar nicht erwartest. Hättest du gedacht, das man nicht nur in Medikamenten, Seifen und Kontaktlin sen, sondern auch in Mamas Lippenstift, deiner Zahn-

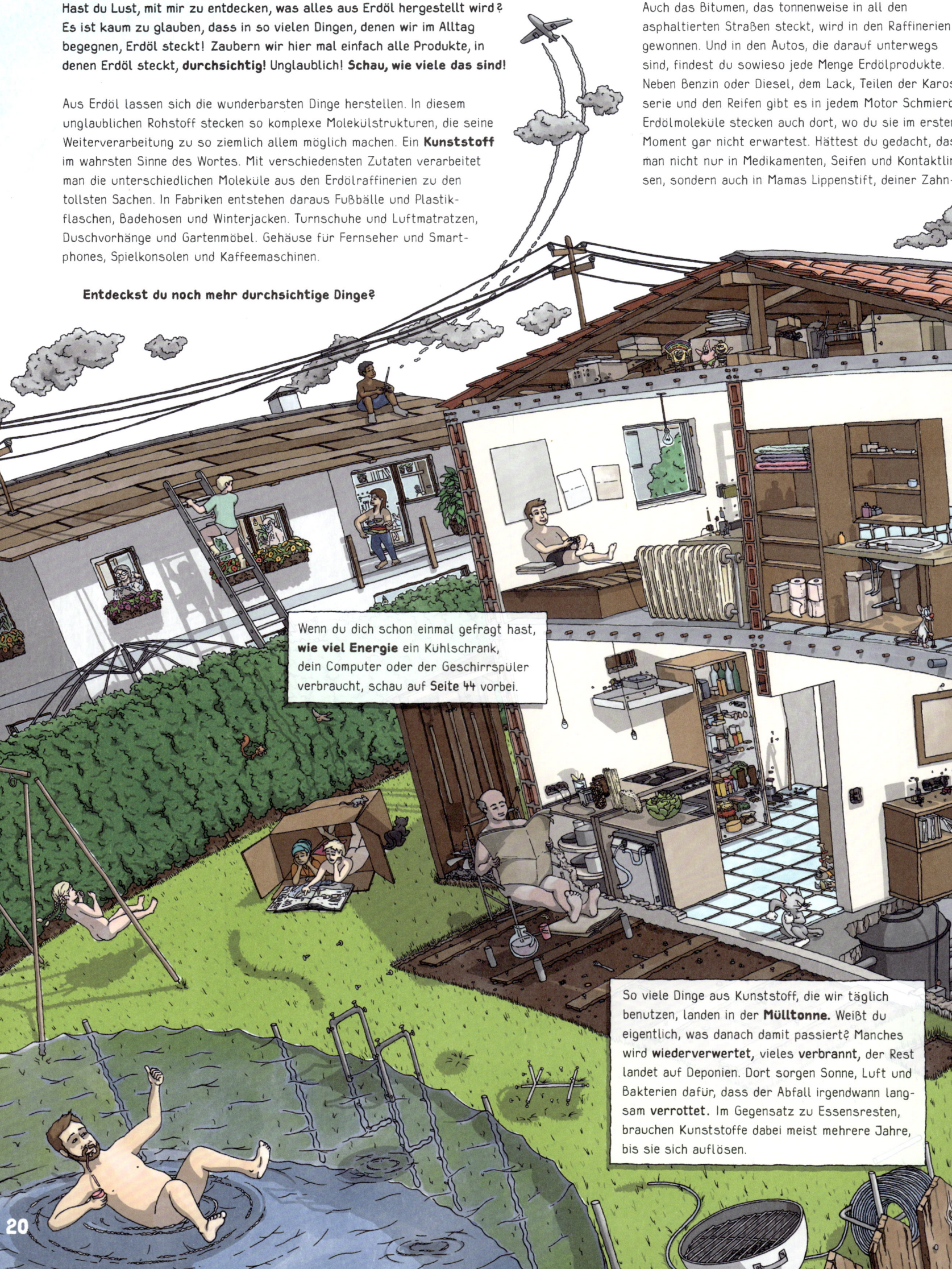

Wenn du dich schon einmal gefragt hast, **wie viel Energie** ein Kühlschrank, dein Computer oder der Geschirrspüler verbraucht, schau auf **Seite 44** vorbei.

So viele Dinge aus Kunststoff, die wir täglich benutzen, landen in der **Mülltonne.** Weißt du eigentlich, was danach damit passiert? Manches wird **wiederverwertet**, vieles **verbrannt**, der Rest landet auf Deponien. Dort sorgen Sonne, Luft und Bakterien dafür, dass der Abfall irgendwann lang- sam **verrottet**. Im Gegensatz zu Essensresten, brauchen Kunststoffe dabei meist mehrere Jahre, bis sie sich auflösen.

...sta und Papas Rasierschaum sogenannte **Petrochemikalien** findet, die
...n in Raffinerien gewinnt? Dass in der Beschichtung der Badewanne, in
...n Fächern, Ablagen und Türen des Kühlschranks, in Kochlöffeln, Pfannen
...d Frischhaltedosen Erdöl steckt? Dass die Druckfarbe auf Opas Zeitung
...d dem Poster deiner Lieblingsband von der Plastikindustrie hergestellt
...rd? Dass sogar der elektrische Strom die Hilfe von Erdöl braucht?

...ben Steckdosen und Lichtschaltern, Mehrfachsteckern und Lampenschir-
...n besteht die Isolierung der Verkabelung quer durchs Haus aus Kunst-

stoffen. Auch in Matratzen und Polstern, Fensterrahmen und Gewächs-
häusern, Laminat- und Teppichböden, Regalen und Schutzlacken stecken
Kohlenstoffketten. Genauso wie in vielen Dachschindeln und Dämmplatten,
die uns vor Regen, Schnee und Kälte schützen. **überall Kunststoffe.**
Wohin du schaust.

Das ist aber noch nicht alles. Dutzende Häuser in deiner Nachbarschaft
verstecken in ihren Kellern **öl- oder Gasheizungen,** die für warme Räume
und heißes Duschwasser sorgen. Über ein Drittel aller mitteleuropäischen
Haushalte verbrennen auch heute noch Öl oder Erdgas, um ihre Wohnungen
zu heizen. So sorgen sie im Winter zwar für angenehme Temperaturen,
blasen jedoch ihre Abgase durch Kamine in die Atmosphäre.

Zu guter Letzt besprüht die Landwirtschafts- und Lebensmittelindustrie
unsere Felder mit **Düngemitteln,** in denen ebenso Produkte
der Erdölindustrie stecken.

> Was strömt, was raucht, was
> qualmt eigentlich aus all den
> Auspuffen und Kaminen? **Abgase.**
> Okay, aber wie entstehen die
> eigentlich? Und warum brennen
> Holz und Kohle? Auf **Seite 44**
> schauen wir uns das genauer an.

Was passiert hier eigentlich?

Vermutlich werden bald zehn Milliarden Menschen auf unserem Planeten leben. Die Städte wachsen und rauben der Natur immer mehr unberührte Fläche. Großflächige Monokulturen, graue Industriezonen und riesige Abbaugebiete verdrängen dichte Urwälder, unberührte Sumpflandschaften und fruchtbare Flussläufe. Immer mehr Straßen und Brücken verbinden diese von Menschen gemachten Gebiete und umspannen dabei den gesamten Globus. Und jeden Tag kommen neue Autos dazu. Gleichzeitig durchqueren auch riesige Container- und Kreuzfahrtschiffe die Ozeane und der Flug in den Urlaub wird immer billiger angeboten. Aus all den Schornsteinen und Auspuffen steigen dabei Unmengen von Abgasen in die Atmosphäre.

Über die letzten Jahrhunderte wurden in Europa Bachläufe umgeleitet und Sümpfe trockengelegt. Flüsse wurden in enge Korsette gezwängt, um für unsere Häuser und Büros, Felder und Fabriken mehr Platz zu gewinnen.

Waschmittel und Duschgel, Haarshampoo und Klopapier, Kühlwasser und Weichspüler landen als Abwasser an vielen Orten der Welt ungefiltert in den Flüssen. Sie nehmen unterwegs immer mehr Abwasser und Abfälle auf, um sie schlussendlich ins Meer zu spülen. Auch die Ozeanriesen kippen tonnenweise **Müll ins Wasser**. Unsere Meere verschmutzen und kleinste Kunststoffpartikel landen so sogar in der Nahrungskette.

Um an **wertvolle Bodenschätze** zu gelangen, werden an Land Berge und Hügel ausgehöhlt und Rohstoffe sowohl über als auch unter der Erde abgebaut. Sie werden in der Industrie oder in Kraftwerken verarbeitet und werden zu Bauwerken, Produkten, Strom und Wärme. Dabei entstehen jedoch auch giftige Abfälle, die die Umwelt belasten.

Kaum zu glauben.
In vielen Ländern haben viele von vielem viel zu viel.
*Ohne Frage, wir leben in einer **Zuvielisation**.*
*Und **Abgase, Abwasser, Abholzung & Abfall** führen weltweit zu Problemen. Einige Zahlen findest du hinter Fatimas Wissensbibliothek auf **Seite 50 und 51**.*

Für riesige **Monokulturen** werden die scheinbar endlosen Urwälder gerodet. Um immer mehr Lebensmittel zu produzieren, wird das Saatgut mit **chemischen Düngern** besprüht. Für den Hunger nach Fleisch wird **Massentierhaltung** gefördert, Nahrungsmittel werden in großen Fabriken verarbeitet und über weite Strecken transportiert. Riesige **Fangflotten** fischen mit gewaltigen Netzen die Ozeane fast leer.

Die Abgase aus all den Schornsteinen und Auspuffen von Fahrzeugen, Schiffen, Flugzeugen, Fabriken und Gebäuden lassen die **Konzentration n Kohlendioxid (CO$_2$)** in der Atmosphäre steigen und verstärken den eibhauseffekt. Das Klima verändert sich, Naturkatastrophen häufen sich. e Ozeane versauern und gleichzeitig trocknen in manchen

Gegenden ganze Landstriche aus. Und viele Menschen verlieren dadurch ihren Lebensraum und müssen ihre Heimat verlassen.

Und bei uns zu Hause? Was passiert da?

Immer mehr Wohnungen werden im Winter mit Zentralheizungen gewärmt und im Sommer mit Klimaanlagen gekühlt. Einkäufe und Ausflüge werden mit dem Auto erledigt. Der Urlaub wird als Flugreise oder Kreuzfahrt gebucht. Gebrauchte Hygieneartikel und abgelaufene Medikamente werden im Klo hinuntergespült. Getränke werden in Plastikflaschen, Obst und Gemüse werden in Kunststoff verpackt. Kaputte Geräte werden weggeworfen. Statt sie zu reparieren, werden neue gekauft. Kaffeekapseln, Joghurtbecher und Wegwerfwindeln landen in der Mülltonne.

Weil der Abfall nur zum Teil getrennt und wiederaufbereitet wird, wachsen die **Mülldeponien** meist unbemerkt zu mächtigen Bergen an.

Weiter so?

Ach du meine Güte! Wo sind wir da hineingeraten?
So viele Probleme sind offensichtlich, und trotzdem wird
scheinbar nicht viel dagegen unternommen.

Menschen sind Gewohnheitstiere. Sie lieben ihre Routinen und
ihre Traditionen. Sie wehren sich oft gegen Veränderungen.
Für Einzelne können Veränderungen oft schwierig sein.
Damit sich Gewohnheiten ändern, braucht es daher
manchmal größere Einflüsse von außen.

Mit Mut und Neugierde, Wissen und
Zusammenarbeit, Fantasie und
Leidenschaft kann Veränderung
jedoch gelingen.

... oder Weichen stellen

Lass uns gemeinsam träumen ...
Stell dir vor, was wir innerhalb einer Gaia-Minute,
also innerhalb von sechzig Jahren, alles umgestalten könnten!

Millionen Menschen arbeiten schon heute an einer wundervollen
und spannenden Zukunft. Sie denken nach, hinterfragen,
forschen, experimentieren, entwickeln und probieren
Neues aus. Viele tolle Ideen, Erfindungen und Konzepte
warten genau in diesem Moment irgendwo auf der
Erde darauf, verwirklicht zu werden. An
anderen wird noch weiter geforscht und
gearbeitet.

Vieles davon muss in Zukunft
gefunden, besser miteinander
verbunden, den Menschen
zugänglich gemacht, von
Politik und Industrie
gefördert und natürlich
ausprobiert werden!

Steig mit mir in den **fantastischen Zeitreisezug** und steuere mit
in eine bunte Zukunft, die voller fantasievoller Alternativen steckt.

Erste Schritte

Fangen wir also an!
Viele spannende Ideen werden bereits ausprobiert oder schon umgesetzt.
Wo bewegt sich in deinem Umfeld schon was?
Was könnte man unterstützen?

In der Schule lernen wir fürs Leben, heißt es. Was also sollte man eigentlich lernen, um für die Herausforderungen der Zukunft gewappnet zu sein? Arbeitet ihr in eurer Schule auch ähnlich wie in dieser hier?

Hier wird klassenübergreifend, gemeinsam an Projekten getüftelt. Es gibt kaum noch Fächer mit 50 Minuten, sondern Schüler, Lehrer und externe Expertinnen entdecken gemeinsam ein Thema. Es wird ausprobiert, Fehlschläge werden dabei als Chancen gesehen, nicht als Misserfolge. Um „Glück" und „Zukunft" geht es jeden Freitag. Hier wird gemeinsam herausgefunden, wie sich das Leben meistern und genießen lässt. Ganz wichtig dabei ist, dass Glück und Wohlstand nicht an Geld und Besitz gemessen werden.

Im Umfeld eurer Schule kann bestimmt einiges angepackt werden! Vielleicht bei der **Entsiegelung** von asphaltierten und zubetonierten Flächen? Wo lassen es unterirdische Leitungen und die Kanalisation in deiner Stadt oder Gemeinde zu, dass der Boden wieder aufgebrochen werden kann, um stattdessen Bäume wurzeln zu lassen?

Ist der öffentliche Raum in eurer Umgebung fair verteilt? Ein Blick auf den Stadtplan zeigt, wie viel Platz Parkplätze und Autostraßen brauchen. Gibt es schon verkehrsberuhigte Zonen? Lassen die sich erweitern? **Fahrradstraßen** und **Superblocks** leisten einen Beitrag dazu, den individuellen Autoverkehr zu reduzieren. So entstehen wertvolle freie Flächen und Platz für Neues!

Mit **Superblocks** die Stadt in viele kleine Dörfer verwandeln? Auf **Seite 47** schauen wir uns diese spanische Idee genauer an.

Hier wird ein leeres Parkhaus in bester Lage gerade der Kreativwirtschaft zur Verfügung gestellt. Statt parkender Autos zieren bald jede Menge kreative Werkstätten, kleine Modelabels, Upcycling-Stores, Secondhandecken und Tauschbörsen die verschiedenen Stockwerke. An einem kleinen Theater und einem schönen Dachgarten, der zum konsumfreien Verweilen einlädt, wird auch schon gebastelt.

Wertstoffläden und Repaircafés verschaffen nützlichen Materialien ein zweites Leben. Holz, Plastik, Metall, Stoffe, Glas - alles kann man dort in der gebrauchten Größe zuschneiden lassen, kaputte Geräte werden repariert, Abfall und Neukäufe reduziert.

Allein sind viele tolle Ideen oft schwer umzusetzen. Doch ihr könnt euch zusammentun oder euch Gruppen anschließen, die sich für sinnvolle Dinge einsetzen. Denn 50 Menschen, die sich zusammentun und gemeinsam an einem Projekt arbeiten, können viel mehr erreichen, als 500 Expertinnen und Einzelkämpfer, die allein vor sich hin werkeln.

Also, legen wir gemeinsam los!
Um zu sehen, wohin die Reise gehen kann, lass uns in die Zeitmaschine unserer Vorstellungskraft steigen und 60 Jahre in die Zukunft reisen.

Fahrzeuge ohne Abgase? Wie funktionieren die neuen Antriebsmöglichkeiten und warum sollte man den **Rebound-Effekt** beachten? Auf **Seite 46** nehmen wir das einmal unter die Lupe.

Mächtige Sonnenstrahlen

Die Sonne spendet Licht und wärmt uns, lässt Pflanzen wachsen und Leben entstehen. Pausenlos schickt sie seit Milliarden von Jahren ihre energiereichen Strahlen zur Erde und ist somit unsere ursprünglichste Energiequelle.

Die Kraft der Sonne lässt Samen keimen, Pflanzen gedeihen und Bäume wachsen. Die Natur bietet so Lebensraum und genügend Nahrung für alle Lebewesen auf unserer Erde. Diese in organische Substanz umgewandelte Sonnenenergie nennt man **Biomasse.**

Auch für unser **Klima** und die Wasserkreisläufe ist die Sonne verantwortlich. Je nach Jahres- oder auch Uhrzeit treffen mehr oder weniger Sonnenstrahlen auf die Erdoberfläche. Dadurch wird unser Planet ungleichmäßig erwärmt und unser Wetter kommt in Bewegung. Warme Luft steigt auf und verdrängt kühlere Luftmassen.

Diese Strömung kennen wir als Wind. Die Energie der Sonne lässt nebenbei Unmengen an Wasser über Ozeanen und Seen verdampfen.

In **Solaranlagen** wird mit Sonnenstrahlen direkt Wärme erzeugt. Man kann beispielsweise Wasser erwärmen und so die Wohnungen heizen. In großen **Solarthermiekraftwerken** bündelt man Sonnenstrahlen mit Kollektoren oder Spiegeln und schickt diese Energie auf einen einzelnen Brennpunkt. Dort erhitzt sich beispielsweise eine Flüssigkeit in einem geschlossenen Kreislauf. Sie treibt eine Turbine an, mit der man elektrischen Strom gewinnen kann.

Rätselhafte Glaskugeln. Wie sie durch **Lichtbrechung** Strom erzeugen könne wird auf **Seite 44** beschrieben.

Wie soll das gehen, **Strom speichern?**
Daran wird mit Hochdruck geforscht und es gibt eine große Zahl an neuen Ideen und Entwicklungen zu verschiedensten Speichermöglichkeiten. Einiges dazu gibt's auf **Seite 46** zu lesen.

ttels **Photovoltaik** können Menschen schon seit über siebzig Jahren
e Sonneneinstrahlung auch direkt in elektrischen Strom umwandeln. In
serer Wissensbibliothek auf Seite 42 nehmen wir diese zauberhaften
gänge unter die Lupe.

Entdeckst du die kugelrunden Raw Lemons? Diese
durchsichtigen „Zitronen" nutzen die
Lichtbrechung durch eine Glaskugel
und sammeln die einfallenden
Sonnenstrahlen auf einer winzigen
Photovoltaikzelle hinter der Kugel.

Auch der Wind kommt mit der Sonne. Und mit dem Wind die Windenergie.
Das **Windrad** ist wohl das bekannteste Symbol für erneuerbare Energien.
Einmal installiert, braucht es über Jahrzehnte nur wenig Wartung.
Winde kommen zwar aus verschiedensten Richtungen, sie kennen dafür
keine Landesgrenzen und sind kostenlos.

Schau einmal,
wie viele verschiedene Formen von Windrädern, die die Bewegung der Luft
mit Generatoren vor Ort in elektrischen Strom umwandeln, du findest.

Das große Zauberwort für erneuerbare Energie heißt: **speichern!**
Entdeckst du den großen Stromspeicher am Dorfplatz? Mit der gewonnenen
Energie von Windrädern wird Wasser unter einen riesigen Felsen gedrückt
und hebt so den gesamten Platz. Wird später mehr Strom gebraucht, als
die Windräder liefern, kann man den Platz wieder sinken lassen und so
die Turbinen antreiben, die die gespeicherte Energie wieder
in elektrischen Strom umwandeln.

Jeder einzelne **Sonnenstrahl** ist ein Geschenk für
die Erde. Aber warum eigentlich? Schau dich in der
Wissensbibliothek auf **Seite 44** um!

Fließende Energie

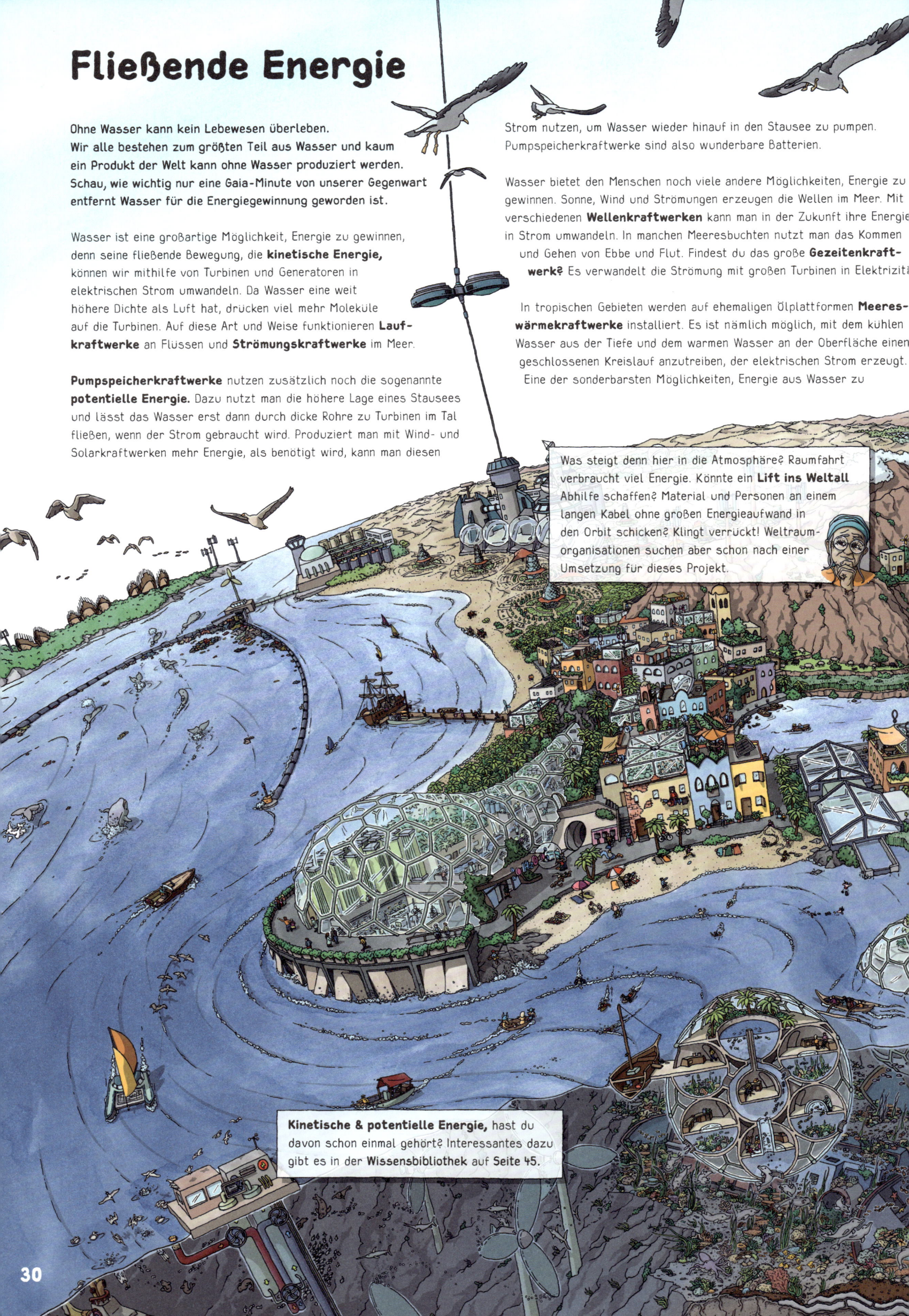

Ohne Wasser kann kein Lebewesen überleben. Wir alle bestehen zum größten Teil aus Wasser und kaum ein Produkt der Welt kann ohne Wasser produziert werden. Schau, wie wichtig nur eine Gaia-Minute von unserer Gegenwart entfernt Wasser für die Energiegewinnung geworden ist.

Wasser ist eine großartige Möglichkeit, Energie zu gewinnen, denn seine fließende Bewegung, die **kinetische Energie,** können wir mithilfe von Turbinen und Generatoren in elektrischen Strom umwandeln. Da Wasser eine weit höhere Dichte als Luft hat, drücken viel mehr Moleküle auf die Turbinen. Auf diese Art und Weise funktionieren **Laufkraftwerke** an Flüssen und **Strömungskraftwerke** im Meer.

Pumpspeicherkraftwerke nutzen zusätzlich noch die sogenannte **potentielle Energie.** Dazu nutzt man die höhere Lage eines Stausees und lässt das Wasser erst dann durch dicke Rohre zu Turbinen im Tal fließen, wenn der Strom gebraucht wird. Produziert man mit Wind- und Solarkraftwerken mehr Energie, als benötigt wird, kann man diesen

Strom nutzen, um Wasser wieder hinauf in den Stausee zu pumpen. Pumpspeicherkraftwerke sind also wunderbare Batterien.

Wasser bietet den Menschen noch viele andere Möglichkeiten, Energie zu gewinnen. Sonne, Wind und Strömungen erzeugen die Wellen im Meer. Mit verschiedenen **Wellenkraftwerken** kann man in der Zukunft ihre Energie in Strom umwandeln. In manchen Meeresbuchten nutzt man das Kommen und Gehen von Ebbe und Flut. Findest du das große **Gezeitenkraftwerk?** Es verwandelt die Strömung mit großen Turbinen in Elektrizität.

In tropischen Gebieten werden auf ehemaligen Ölplattformen **Meereswärmekraftwerke** installiert. Es ist nämlich möglich, mit dem kühlen Wasser aus der Tiefe und dem warmen Wasser an der Oberfläche einen geschlossenen Kreislauf anzutreiben, der elektrischen Strom erzeugt. Eine der sonderbarsten Möglichkeiten, Energie aus Wasser zu

Was steigt denn hier in die Atmosphäre? Raumfahrt verbraucht viel Energie. Könnte ein **Lift ins Weltall** Abhilfe schaffen? Material und Personen an einem langen Kabel ohne großen Energieaufwand in den Orbit schicken? Klingt verrückt! Weltraumorganisationen suchen aber schon nach einer Umsetzung für dieses Projekt.

Kinetische & potentielle Energie, hast du davon schon einmal gehört? Interessantes dazu gibt es in der **Wissensbibliothek** auf Seite 45.

winnen, ist die **Osmotik.** Dort, wo Flüsse ins Meer münden, kann man
...mlich dank chemischer Vorgänge beim Aufeinandertreffen von Süß- und
...zwasser Strom gewinnen.

...e kann Wasser knapp sein, wenn wir doch auf einem blauen Planeten
...en? Über zwei Drittel der Erde sind mit Wasser bedeckt. Jedoch ist fast
...es davon Salzwasser! Verfügbares Trinkwasser macht nicht einmal ein
...ozent allen Wassers aus und ist doch für Menschen und Tiere lebensnot-
...ndig. Trinkbares Wasser könnte sogar vor dem Erdöl knapp werden.

Schau!

Vor allem hier, in trockenen und niederschlagsarmen Gegenden, ist Wasser ein
besonders seltenes und deshalb kostbares Gut. Daher lernten Menschen schon vor
mehreren tausend Jahren damit hauszuhalten, indem sie ihre Felder und Orte
mit raffinierten Kanalsystemen versorgten.

Vieles davon haben wir in Europa schon verlernt, aber es gibt neue Ideen
für besonders trockene Regionen. Entdeckst du die **engmaschigen
Auffangnetze?** Sie filtern aus dem Nebel und der scheinbar trockenen
Luft Wassermoleküle, die sich am Netz zu Tropfen sammeln und in einem
Sammelbecken aufgefangen werden. Tropfen für Tropfen gewinnt man so
einen Schluck Trinkwasser und genug, um kleine Pflanzen wachsen zu
lassen. Ist es nicht großartig, dass auf diese Weise die sich
ausbreitenden Wüsten zurückgedrängt werden könnten?

Salziges Meerwasser kann mit der Kraft der Sonne in **kostbares Süß-
wasser** umgewandelt werden. Findest du die überdachten Salzwasser-
becken? Die Sonne erwärmt dort die ruhige Oberfläche und lässt Wassermoleküle verdampfen. Der dabei aufsteigende Dampf kondensiert an kühlen
Oberflächen zu Tropfen und wird in Wasserbehälter weitergeleitet. So hat
sich in der Senke dahinter über die Jahre ein Süßwassersee gebildet,
in dem Bewohner und Touristen jetzt schwimmen und fischen.

Dass es große Kraftwerke gibt, in denen die **Kraft
der Gezeiten** genutzt wird, kannst du dir vielleicht
noch vorstellen. Aber dass man Energie auch aus
warmen Böden gewinnen oder sogar aus **kuriosen
kleinen Kraftwerken** unter deinen Füßen oder auf
deiner Haut ernten kann? Schau dich doch einmal auf
der Seite 45 um!

Neue Wege finden

Also gut, das Energieproblem scheint lösbar zu sein.
Wie aber werden in der Zukunft Waren und Menschen transportiert?
Schauen wir einmal, wie sich der Umbau des Transportwesens bei uns zu
Hause über die Jahre verändert hat.

Früher fuhr man fast überall mit dem eigenen Auto hin.
In unserer fantastischen Zukunft konnte man sich jedoch bald günstig
eine **Mobilitätskarte** kaufen. Diese ermöglichte es den Menschen, alle
öffentlichen Verkehrsmittel eines ganzen Landes zu benutzen, ohne sich
Gedanken um Parkplätze, Staus und giftige Abgase machen zu müssen.
Von **Elektromotoren**, **Brennstoffzellen** oder **Pflanzenöl** angetriebene,
selbstfahrende Fahrzeuge waren bald zunehmend auf den Straßen
unterwegs. Sie wurden für den Zeitraum gemietet, für den man sie
wirklich benötigte. Große Logistikfirmen rüsteten gleichzeitig ihre
Fahrzeugflotten auf umweltschonende Antriebe um. Der Ausstoß
von giftigen Abgasen im Straßenverkehr wurde dadurch innerhalb
weniger Jahre fast auf null gesenkt.

Ebenso wurden die 45.000 Handelsschiffe, die damals noch kreuz und
quer über die Weltmeere schipperten, bald auf umweltverträgliche
Motoren umgestellt. Heute verwenden große Frachter Wasserstofftrieb-
werke, unterstützt von sogenannten **Flettner-Rotoren** oder großen
Segeln, die an langen Leinen die konstanten Höhenwinde nutzen. An Land
werden Güter nun vermehrt über das Schienennetz transportiert
und auch Besuche bei Verwandten in fremden Städten werden
meist **mit der Eisenbahn** gemacht. **Stadtseilbahnen**
ergänzen dort die Mobilität der Menschen.

„Beam me up, Scotty!"
Kann der Hollywoodtraum
eines Tages Realität werden?
Ein paar Gedanken dazu
findest du auf Seite 47.

In Röhren durchs Vakuum reisen?
Klingt verrückt! Auf Seite 47 schauen
wir uns diese 200 Jahre alte Idee an.

...isen ist schön und lehrreich. Fremde Länder, Menschen und ...turen kennenzulernen, erweitert den Horizont, und Verständnis ...tt an die Stelle von Vorurteilen. Flüge auf Urlaubsinseln wurden ...erdings bald sehr teuer, da das umweltbelastende Kerosin endlich ...steuert wurde. Viele Geschäftsreisen werden nun einfach durch ...eokonferenzen ersetzt. Auch die Flugtickets für ...nanen und Avocados wurden teurer und die ...ropäer fangen nun an, ihre eigenen tropischen ...üchte in Glashäusern zu züchten.

Hier, eine Gaia-Minute in der Zukunft, ist die Entwicklung so weit, dass vielerorts das Verkehrsnetz komplett unter die Erde verlegt wird. Die zerschnittenen Landflächen werden dabei den Tieren und Pflanzen zurückgegeben. Kannst du den riesigen Autobahnfresser entdecken? Er verarbeitet das Material der alten Straßen direkt vor Ort und erweitert stetig das **unterirdische Tunnelsystem.** Dazu werden luftdichte Vakuumröhren nur ein paar Meter unter die Erde verlegt. Kleine Magnetimpulse schicken dort gemütliche, interaktive Passagierkapseln von A nach B.

Aber schau,
da sind ja doch noch Autos in dieser Zukunft! ... Ja, einige Zeitgenossen treten nach wie vor gern aufs Gaspedal. In „Fatimas Retro-Race-Verein" dürfen die Mitglieder einmal in der Woche mit einem schicken Oldtimer oder einem schnittigen Sportwagen für ein paar Runden über die Rennstrecke flitzen.

Auf Wellen und Wolken unterwegs.
Einige Ideen für den Schiffs- und Luftverkehr der Zukunft findest du auf Seite 47.

Durch die Stadt

Schau!

Jetzt sind wir in einer Stadt der Zukunft gelandet.
Die Stadt gehört nicht mehr den Autos, sondern wieder den Menschen,
die hier leben.

Bäche und Wiesen ersetzen vierspurige Straßen und breite Kreuzungen. Kleine Wege schlängeln sich zwischen Bäumen und Büschen über Brücken vorbei an schönen Stadthäusern. Zwischen den Häusern und auf ihren Dächern warten reife Früchte, frisches Gemüse und duftende Kräuter darauf, gepflückt zu werden.

Was du für das tägliche Leben benötigst, liegt in der Nähe und ist leicht erreichbar. Die Wohnung und der Arbeitsplatz, die Schule oder die Werkstatt, Cafés und Restaurants, Geschäfte oder Tauschbörsen fast alles findest du in deiner unmittelbaren Umgebung. Und wenn du einmal deine Freunde in der Nachbarstadt besuchen willst, dann reservierst du dir einfach eine **Goia-Kugel.**

Geschäfte werden in den frühen Morgenstunden beliefert, später gehört die Stadt ihren Bewohnern. Größere Einkäufe werden zugestellt oder mit dem geliehenen Lastenrad erledigt.

Vertikale Bauernhöfe ernähren Städte?
Auf **Seite 45** schauen wir uns diese Idee einmal genauer an.

Der öffentliche Verkehr versteckt sich unter der Erde. Jede Menge **Radwege** bieten Platz für die verschiedensten Arten der Fortbewegung. Wo früher Autos parkten, wurzeln jetzt Bäume. Graue Kreuzungen verwandeln sich in blaue Teiche. Doppelspurige Straßen machen Radwegen und Parkbänken Platz.

Auf **Grünflächen** können die Stadtbewohnerinnen und Gäste verweilen. Kugelbahnen winden sich an Baumwipfeln und Liegewiesen vorbei, um irgendwann fast geräuschlos unter der Erde zu verschwinden. Die Luft ist sauber und man kann wieder dem Plätschern der Bäche, dem Rauschen der Blätter und dem Gezwitscher der Vögel lauschen.

Du willst dir die **Goia-Kugel** einmal genauer anschauen? Schlag einfach mal Seite 47 auf.

Mit Kreisläufen leben

Kannst du dir vorstellen, wie das Stadthaus unserer Zukunft aussehen könnte? Lass uns gemeinsam in ein zukünftiges Wohnhaus schauen.

Früher gab es in diesem Haus zwanzig große Wohnungen. Zwanzig Küchen, zwanzig Kühlschränke und zwanzig Gefrierfächer. Zwanzig Wohnzimmer mit neunzehn Fernsehern und über zwanzig Bücherregalen (allein „Pippi Langstrumpf" fand man dort dreizehn Mal), unterirdisch gab es über zwanzig Garagenplätze mit achtzehn Autos und fünf Motorrädern. Jeder verbrachte den Großteil seiner Freizeit in der eigenen, komfortablen Wohnung und kannte seine Nachbarn oft nur flüchtig.

Das Stadthaus wurde innen kräftig umgebaut, perfekt **isoliert** und um einen großen Wintergarten, in dem tropische Pflanzen wachsen, ergänzt. In den oberen hellen Stockwerken finden nun kleine **private Wohnbereiche** mit eigenen Balkonen Platz. Hier kann man sich zurückziehen.

Durch den gewonnenen Platz sind in den unteren Geschossen viele **Gemeinschaftsflächen** entstanden. In der Bibliothek und den gemütliche Sitzecken, in den Werkstätten und Labors, in den Büros und Freizeiträum treffen sich die Bewohner des Hauses. Hier wird gespielt und gearbeitet, getauscht und repariert, gebastelt und geforscht, gemalt und geerntet. Eine große Küche lädt alle zum Kochen ein. Gemeinsame Geräte wie Kühl- und Gefrierfächer sparen enorm viel Energie.

Das Stadthaus unserer Zukunft erzeugt den nötigen Strom selbst. Die Photovoltaikanlagen liefern Strom für elektrische Geräte. **Der Kreislauf im Gewächshaus** mit seiner integrierten Fischzucht wird mit den Windrädern auf dem Dach angetrieben. Wenn das Haus tagsüber mehr Strom erzeugt, als benötigt wird, kann er für windstille Abende gespeichert werden. Entdeckst du den alten Kaminschacht, der zur Batterie umgebaut wurde?

Bäume sind etwas Wunderbares! Auf **Seite 49** erklärt dir ein Baum zwei seiner geheimnisvollen Spezialaufgaben: die **Photosynthese** und den **Kohlenstoffkreislauf**.

Täglich wird weltweit jede Menge Neu erforscht, entdeckt und erfunden. Auc richtige **Wunderstoffe** sind da dabei. Schnuppere auf **Seite 48** ein bisschen diese Welt hinein.

s **Regenwasser** wird gesammelt, gefiltert und aufbereitet. Es ergänzt Haus nicht nur das Trink- und Nutzwasser, sondern bewässert auch die ete. In der ehemaligen Tiefgarage und auf den Dächern wachsen Salate d Tomaten, Bananen und Trauben, Kräuter und Pilze fürs Abendessen.

sensreste und Verpackungen, die sich auch hier in der Zukunft nicht mer ganz vermeiden lassen, landen im **hausinternen Recyclingsystem.** dest du die beiden Laser, die den Müll in seine Bestandteile zerlegen?

Manche Elemente und Moleküle werden vollautomatisch als Dünger im Gemüsebeet verwertet, andere kommen in die Wertstofftanks im Keller. Siehst du den 3-D-Drucker in der Werkstatt? Er kann auf die benötigten Stoffe direkt zugreifen. So landen die wertvollen Elemente nicht mehr auf der Mülldeponie und in der Umwelt, sondern bleiben vor Ort und es entstehen **neue Kreisläufe.**

Mit Kreisläufen wirtschaften?
Cradle to Cradle?
Was heißt das eigentlich genau?
Auf **Seite 48** schauen wir uns
dieses Konzept einmal genauer an.

Gleichgewicht finden

Jedes Jahr treffen sich hier, eine Gaia-Minute in der Zukunft, Vertreter aller Regionen der Erde, um die Welt im Gleichgewicht zu halten. Die jährliche Weltkonferenz entstand aus der Idee von Kindern vieler Länder: Sie richteten einen Appell an alle Politikerinnen und Politiker der Erde: „Ihr habt die Welt nicht von euren Eltern geerbt, sondern nur von euren Enkeln geliehen." So drückten sie ihre Sorge um das Gleichgewicht des Planeten aus. Sie traten, unterstützt von Eltern und Lehrern, so lange in Streik, bis die Konferenz ins Leben gerufen wurde. Nun kommen Jahr für Jahr Delegationen von allen Kontinenten der Welt hier zusammen.

Viele **große Probleme der Welt kennen keine Landesgrenzen,** Wind und Wetter keine Nationen, Tiere keine Reisepässe und Wasser kennt keine Staatsgrenzen. Auf der jährlichen Weltkonferenz hört man einander zu und versucht, verschiedene Sichtweisen zu verstehen. Man diskutiert respektvoll, verhandelt lösungsorientiert und arbeitet kompromissbereit daran, gemeinsam **neue Fundamente** zu bauen und generationenübergreifende Maßnahmen zu setzen.

Aus jeder Region der Welt reist jeweils eine achtköpfige Delegation an. Vier Frauen und vier Männer werden jeweils für ihr Spezialgebiet in das nun **viergeteilte Parlament** gewählt. Die vier verschiedenen Parlamente sorgen dafür, dass die unterschiedlichen Themen jeweils von Expertinnen und Fachleuten verhandelt werden. Diese Konferenzen finden im seesternförmigen Kongresszentrum statt, wo jeder Arm einen der vier Teile des Parlaments beherbergt:

Das Parlament für Politisches
für Boden und Verkehr,
Recht und Sicherheit

Das Parlament für Wirtschaft
für Konsum und Produktion,
Handel und Geld

Es gibt Alternativen zu Monokultur und Überdüngung! **Permakultur** könnte die Landwirtschaft umkrempeln. Auf **Seite 49** schauen wir uns das genauer an.

Wer reist mit dem geringsten ökologischen Fußabdruck an? Zu diesem spannenden Wettbewerb hat sich die Anreise zur Weltkonferenz entwickelt.

s Parlament für Kultur
r Bildung und Wissenschaft,
dien und Kunst

Das Parlament für Grundwerte
für Natur und Gleichgewicht,
Menschenrecht und Ethik

Parallel zu den intensiven Konferenzen wartet ein spannender Ideen-markt auf die Teilnehmerinnen und Teilnehmer. Hier werden Erfindungen, Technologien und Forschungsarbeiten aus der ganzen Welt vorgestellt. Man erfährt Neues zu Energiegewinnung, Materialforschung oder Trans-portsystemen und findet Gesprächspartner und Kooperationspartnerinnen.

des Jahr wird die Weltkonferenz von einer Region organisiert, die sich
z besonders um Gleichgewicht bemüht hat. Diesmal wird sie von Tahiti
ganisiert. Die Bewohner und Bewohnerinnen dieser kleinen Inselgruppe
en schon seit langer Zeit im Einklang mit der Natur. Über die Hälfte der
eln bleibt von Menschen unberührt. Niemand darf diese Lebensräume
Tieren und Pflanzen stören. Hier hat man schon lange erkannt, dass
Gleichgewicht aus Geben und Nehmen zu einem guten
sammenleben führt.

Am Ende der Weltkonferenz wählt eine Jury aus Kindern aller Kontinente
den Austragungsort der nächsten Zusammenkunft. Möchtest du da nicht
auch einmal dabei sein?

Schon vieles konnte in den letzten Jahrzehnten mithilfe der
jährlichen Weltkonferenz wieder ins Gleichgewicht gebracht werden.

Schau,
Um das Gleichgewicht zwischen Mensch und Natur zu erhalten
ist, wie beim Seiltanzen, ständiges Ausbalancieren nötig.

t Steuern kann man steuern. **Sinnvolle Steuern**
zahlen die meisten Menschen gern. Ein paar
danken dazu kannst du dir auf **Seite 48** machen.

Und da sind wir wieder.

Im Hier und Jetzt.

Zurück in der Gegenwart sitzen wir hier und schauen auf unsere Erde. Auf diesen fruchtbaren Planeten, der von einer dünnen Atmosphäre geschützt wird. Der flüssiges Wasser besitzt und genügend Energie von seiner Sonne bekommt, um über Milliarden von Jahren das Leben, so wie wir es kennen, entstehen zu lassen.

Die Entwicklung des Menschen dauerte im Vergleich dazu nur einen Augenblick. In dem er Werkzeuge, Sprache und Schrift erfunden hat. Sesshaft geworden ist, um Pflanzen und Tiere zu züchten. Häuser, Dörfer und Städte gebaut hat. Nicht mehr täglich ums Überleben kämpfen musste und dadurch forschen, lernen und sich spezialisieren konnte. Sich mit Mathematik, Physik und Chemie beschäftigt hat. Den Handel entwickelt und Maschinen gebaut, Automobile, Flugzeuge, Satelliten und das Internet geschaffen hat.

Vieles davon hat nicht mehr nur Auswirkungen auf das Dorf, die Stadt, das Land, in dem wir leben. Viele Auswirkungen betreffen heute die ganze Welt. Und zum ersten Mal in der Geschichte tragen wir die Verantwortung, die möglichen Folgen für Jahrhunderte oder gar Jahrtausende zu lenken.

Zum ersten Mal haben Menschen aber auch die Möglichkeit, sich mit allen Spezialisten, egal wo sie sich auf der Erde befinden, zu vernetzen, auszutauschen und an neuen Möglichkeiten zu arbeiten. Tausende Ideen für eine spannende Zukunft warten schon heute darauf, umgesetzt zu werden. Wir müssen jene Persönlichkeiten aus Politik, Kultur und Wirtschaft stärken, die nachhaltige Entscheidungen treffen.

Vielleicht sind wir bald zehn oder sogar zwölf Milliarden Menschen auf diesem Planeten. Vielleicht ist es irgendwann egal, woher jemand kommt, wie er aussieht oder wie er spricht. Vielleicht werden weltweit alle Menschenrechte bald Wirklichkeit: Zugang zu sauberem Trinkwasser und genügend Nahrung, zu medizinischer Versorgung und einem Dach über dem Kopf. Chancengleichheit und Bildung, Sicherheit und Freiheit sowie das Recht auf eigene Spiritualität. Vielleicht wird gesellschaftlicher Wohlstand eines Tages wichtiger als privater Luxus. Vielleicht werden dann auch Landesgrenzen egal und Soldaten eilen nur noch bei Katastrophen zu Hilfe. Vielleicht gehen wir endlich mit den begrenzten Ressourcen unseres begrenzten Planeten verantwortungsvoll um. Vielleicht schaffen wir es so, wieder unser Gleichgewicht mit der Natur zu finden, weil wir erkennen, dass wir alle auf einer begrenzten Insel wohnen.

Diese wunderbare Insel namens Erde müssen wir gut behandeln, damit auch unsere Enkel und Urenkel weiter hier leben können.

Egal, was wir Menschen auf diesem Planeten tun werden, er wird sich noch einige Milliarden Jahre lang weiter um unsere Sonne drehen.
Mit oder ohne Menschheit.

Wenn wir bleiben wollen, müssen wir die Erde gut behandeln.

Wir können das.
Wir müssen es nur wollen und wir müssen es tun!
Wir alle!
Jede und jeder von uns!

Willkommen in Fatimas Wissensbibliothek

Wissen ist der einzige Rohstoff, der sich durch seine Verwendung vermehrt.

Einige Erklärungen, Erkenntnisse und Erfindungen, auf die wir heute schon zurückgreifen können, findest du auf den nächsten Seiten. Dort siehst du, wie etwas funktioniert oder manches funktionieren könnte. Einiges ist als Projekt noch im Versuchsstadium. Manches sind Ideen und Impulse. Sie warten darauf, von Menschen aufgegriffen, weiterentwickelt und vielleicht verwirklicht zu werden. Denn Ideen sind das Kapital der Zukunft.

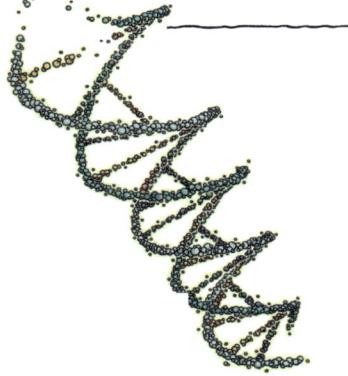

Plankton

Das sind im Wasser lebende und mit den Strömungen treibende **Kleinstlebewesen** wie Bakterien, Larven, Würmer, Quallen und Krebse, Algen und andere winzige Pflanzen. Oft sind diese Organismen so klein, dass bis zu zwei Millionen in einem Teelöffel Wasser Platz haben. Plankton kann sich nicht von allein fortbewegen, seine Schwimmrichtung wird von den Meeresströmungen bestimmt. Es taucht knapp unter der Wasseroberfläche genauso auf wie in großen Tiefen, treibt in nährstoffreichen Gegenden und Flussmündungen, und man findet es sogar im kalten Polarmeer.

Plankton ist die **Basis des Lebens** in den Ozeanen und macht insgesamt 98 % der im Meer lebenden Biomasse aus. Es dient Fischen und anderen Meereslebewesen als **Nahrungsgrundlage**. Selbst riesige Blauwale ernähren sich größtenteils von Unmengen an Plankton. Ohne Plankton gäbe es vermutlich keine Fische, und unsere Ozeane wären leer.

Wusstest du ...?
Das Phytoplankton sind die Bäume des Meeres. Sie produzieren 50 bis 80 % des Sauerstoffs der Erdatmosphäre und speichern gigantische Mengen an Kohlendioxid.

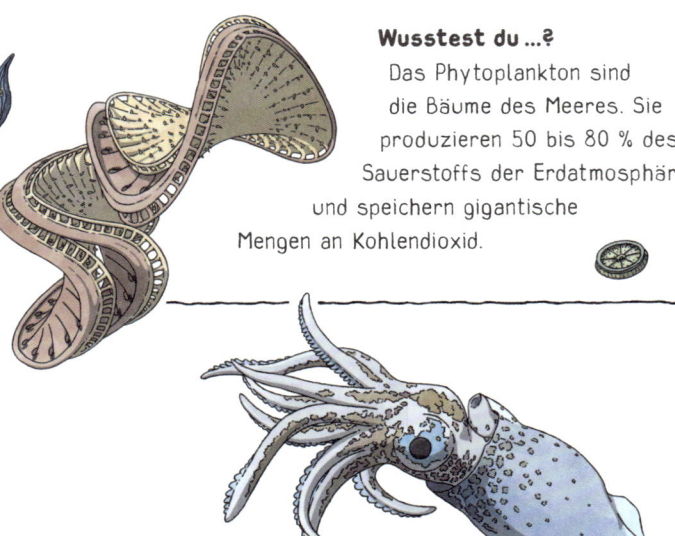

Fossile Brennstoffe

Stirbt **Biomasse** ab und wird sie später von Bodenschichten so überdeckt, dass kein Sauerstoff an sie gelangt, finden andere Zersetzungsprozesse statt. Aus abgestorbenem Plankton entsteht auf den Meeresböden Faulschlamm, aus Wäldern, die in Sümpfen versinken, Torf. Über beidem lagern sich über mehrere Jahrtausende, ja sogar Jahrmillionen, immer mehr Schichten von Sedimenten und Gestein ab. Immer höherer **Druck** und steigende **Erdwärme** verdichten das organische Material. Aus abgestorbenem Plankton sowie toten Pflanzen und Tieren entstehen so im Laufe von mehreren Millionen Jahren feste, flüssige und gasförmige Kohlenwasserstoffverbindungen, die vor **chemisch gespeicherter Energie** strotzen.

Organisches Material

Torf

Braunkohle

Steinkohle

Erdöl wird seit 1859 in großem Stil gefördert. Heute werden **Erdöl** und **Erdgas** dafür aus Tiefen zwischen 4.000 und 6.000 Metern gepumpt. **Braun-** und **Steinkohle** werden in riesigen Abbaugebieten aus der Erde gebaggert, und selbst für das seltene **Uran**, das die Atomkraftwerke antreibt, werden tiefe Stollen in die Erdkruste gegraben.

Diese fossilen Brennstoffe treiben mit ihrer gespeicherten Energie Kohleöfen und Dampfmaschinen, Schiffsschrauben und Automotoren, Kraftwerke und Atomreaktoren an. Die Stoffe werden verbrannt, um mit der Energie Maschinen anzutreiben oder Strom zu erzeugen. **Unmengen an Abgasen,** wie Kohlendioxid und Kohlenmonoxid, entstehen bei diesen Verbrennungen und steigen trotz Filteranlagen in großen Mengen in die Atmosphäre.

Wusstest du ...?
Etwa 23 Tonnen prähistorisches Plankton (das ist das Gewicht einer kleinen Elefantenfamilie) waren nötig, um im Lauf von fast 100.000.000 Jahren einen Liter Erdöl entstehen zu lassen.

...ergiereiche Biomasse

... Biomasse eines Baumes ist nichts anderes als die ...samte Masse seines Stammes, all seiner Wurzeln und ...te, seiner Blätter und Früchte. Die gesamte Masse aller ...nschen, Tiere und Pflanzen, Pilze und Bakterien ist die komplette ...omasse auf unserem Planeten.

...anzen wandeln die Energie, die in einem Sonnenstrahl steckt, mit der ...otosynthese in Biomasse und Sauerstoff um und können dadurch ...chsen. Was bei der Photosynthese passiert, schauen wir uns auf Seite ... noch genauer an. Bei diesem Prozess wird die Energie der Sonne in den ...rbindungen der Moleküle gespeichert und Sauerstoff als „Abfallprodukt" ...die Umgebung freigesetzt. Je mehr Verbindungen entstehen, desto mehr ...emisch gespeicherte Energie steckt in der Biomasse.

Zündet man trockenes Holz an, entweicht die darin chemisch gespeicherte Energie in Form von Licht und Wärme. Hast du schon einmal einem Lagerfeuer Luft zugefächert? Führt man dem brennenden Holz, in dem unzählige energiereiche Kohlenwasserstoffketten stecken, genügend Sauerstoff zu, wird der Verbrennungsprozess angeheizt, und es trennen sich die Verbindungen in der Biomasse. CO_2, H_2O und andere Gase steigen dabei in Form von Rauch in den Himmel. Vom dicken Holzscheit bleibt nur mehr Asche übrig.

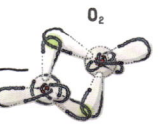

Energie wird bei Oxidation freigesetzt

Verrottung und Verwesung sind eigentlich nichts anderes als eine langsame Verbrennung. Dringt Sauerstoff an das organische Material, zersetzt es die Verbindungen der Biomasse, es gibt seine gespeicherte Energie langsam in Form von Wärme ab und lässt Gase wie Kohlendioxid und Methan in die Atmosphäre steigen.

Raffinerie

Sobald man Erdöl aus dem Boden gezogen hat, wird das Gemisch aus verschiedensten Bestandteilen in Raffinerien geliefert, um es dort zu reinigen und zu diversen Produkten zu veredeln.

Vereinfacht gesagt, wird dort Rohöl auf knapp 400 °C erhitzt, bis die einzelnen Molekülketten in den Destillationsturm verdampfen. Die Moleküle verflüssigen sich bei verschiedenen Temperaturen. Mit steigender Höhe des Turms nimmt die Wärme ab, und man kann so die einzelnen Komponenten voneinander trennen.

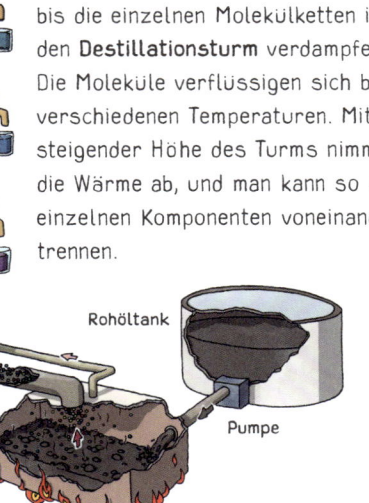

...tillationsturm

...uft-
...min

...acke-
...gskamin

Rohöltank

Pumpe

Brenner

...tumen, aus dem wir Asphalt für unsere Straßen ...rstellen, verflüssigt sich schon bei etwa 350 °C. ...ca 11 % eines Fasses Rohöl werden zu schwerem ...izöl destilliert, mit dem wir große Schiffe antreiben.

...gefähr 21 % werden zu Diesel und nur ...wa 4 % werden zu Kerosin. Bei etwa 150 °C ...rflüssigt sich dann rund ein Drittel zu Benzin. ...d nur 3 % bleiben auch bei 20 °C gasförmig und werden vor allem für ...e Kunststoffherstellung verwendet. Fast ein Viertel eines ...hölfasses geht durch Lecks und Unfälle verloren.

...usstest du ...?

...einem Fass Erdöl steckt die chemische Energie von fast 1.700 ...lowattstunden. Um die gleiche Energie zu ...reichen, müssten 17 tüchtige Arbeiter ein ...hr lang schuften.

Verbrennungsmotor

Der Verbrennungsmotor gilt als eine der bahnbrechendsten Erfindungen der letzten 150 Jahre. Er wandelt chemisch gespeicherte Energie in mechanische Arbeit um.

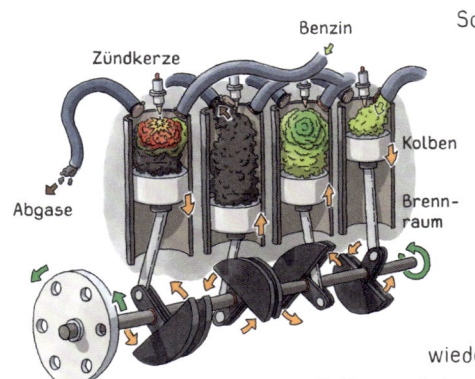

Benzin

Zündkerze

Kolben

Brenn-
raum

Abgase

Sobald der Motor gestartet ist, strömt ein Benzin-Gas-Gemisch in den sogenannten Brennraum. Die Zündkerze erzeugt mit einem Funken eine Explosion, die dank ihrer Ausdehnung genug Kraft besitzt, um den Kolben nach unten zu drücken. Unten angekommen nutzt dieser seinen Schwung aus und schiebt sich wieder nach oben. Die Bewegung des Kolbens wird auf die Radachsen übertragen und bringt so die Reifen oder Propeller zum Drehen. Die verbrannten Reste im Brennraum werden dabei aus einem zweiten Ventil gedrückt und verlassen das Auto über den Auspuff in Form von Abgasen.

Rauchende Kraftwerksschlote

In sogenannten kalorischen Kraftwerken wird aus chemisch gespeicherter Energie elektrischer Strom gewonnen.

Man verbrennt Erdöl, Gas oder Kohle, um einen Kessel voll Wasser zu erhitzen. Dabei verdampft das Wasser und beginnt seinen Kreislauf im geschlossenen System. Sobald der Druck im Kessel steigt, drängen sich die heißen, gasförmigen Wasser-moleküle durch eine Dampfturbine. Diese wird dadurch in Bewegung gesetzt und treibt so den Generator an, der damit elektrischen Strom erzeugt.

Schornstein

Dampfturbine

Generator

Brennstoffzufuhr

Brennkammer mit
Hochdruckkessel

Kondensator

Haben sich die Moleküle durch die Turbine gedrückt, fliegen sie weiter Richtung Kondensator. Dort werden die noch immer warmen Moleküle in einem Wasserbecken weiter abgekühlt, um wieder flüssig zu werden und ihre Runde von Neuem zu beginnen.

Elektrischer Strom

Sobald du eine Lampe einschaltest, fließt elektrischer Strom.

Unzählige, winzig kleine Elektronen beginnen dank der **elektrischen Spannung** durch das Kabel zu fließen und stoßen dabei andere herumschwirrende **Elektronen** an. Diese prallen gegen die nächsten, und die treffen wiederum die übernächsten.

Erreichen die fließenden Elektronen nun eine extrem enge Stelle, entsteht derartig viel Energie, dass ein Draht zu glühen beginnt. Deine Glühbirne leuchtet. Sobald du den Stecker ziehst oder den Schalter umlegst, hören die Elektronen einfach auf zu wandern, und die Lampe erlischt.

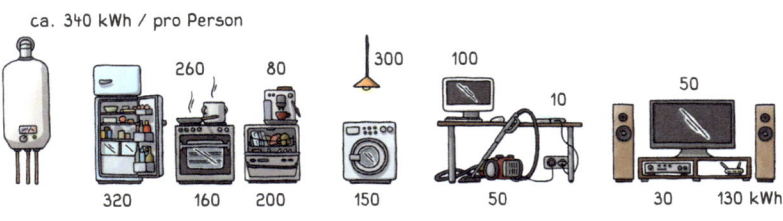

Für Stromleitungen werden meistens Metalle wie Kupfer verwendet.

Wusstest du ...?
Im Schnitt braucht ein mitteleuropäischer Haushalt mit zwei Personen etwa 3.000 Kilowattstunden Strom im Jahr

ca. 340 kWh / pro Person

260   80   300   100   10   50

320   160   200   150   50   30   130 kWh

X-Trilliarden Sonnenstrahlen

Jeder einzelne Sonnenstrahl, der auf unserer Erde landet, ist ein **kleines Päckchen Energie.** Diese Energiepakete, die die Sonne der Erde jeden Tag schenkt, nennen Wissenschaftler auch **Photonen.** Unzählige Photonen landen jede Sekunde auf unserem Planeten. Was nicht sofort von Wolken und Eisflächen zurück ins All **reflektiert** wird, gelangt auf die Erde und wird sogleich in **Wärme umgewandelt.** Ein Teil erwärmt die Atmosphäre, ein Teil die Ozeane. Luft- und Wassermassen kommen so in Bewegung und erzeugen Wind und Wetter. Der größte Teil erreicht die Erdoberfläche, und die Energie wird als Wärme in den Böden und Meeren gespeichert. Sie lässt dort auch Atome und Moleküle verdampfen und treibt **Wasser- und Kohlenstoffkreisläufe** an.

Pflanzen, Tiere und Menschen nutzen einen Teil der Energiepakete um Nährstoffe in **Wachstum** umzuwandeln. So speichern alle Lebewesen die Energie der Sonne in den Verbindungen ihrer Moleküle. Diese sogenannte chemisch gespeicherte Energie lässt später Holz und natürlich auch Erdöl brennen. So gesehen ist Erdöl eigentlich nichts anderes als das Ergebnis von Sonnenstrahlen, die vor mehreren hundert Millionen Jahren auf der Erde gelandet sind.

Die Sonne liefert also den Treibstoff für fast alles.

Photovoltaik

Eine **Photovoltaikzelle** besteht immer aus mehreren Schichten von verschiedenen Materialien. Trifft ein **Sonnenstrahl** auf die dunkle Oberfläche, lösen sich im Inneren **einzelne Elektronen** aus den Atomen und wandern nach oben zu einem **stromleitenden Gitter.** Dieses ist durch ein Kabel mit der Unterseite der Photovoltaikzelle verbunden. Dadurch können die einzelnen Elektronen zur Unterseite des Solarpaneels wandern. Dort strömen sie in die untere Schicht und durch eine Art **neutrale Membran** wieder nach oben. Dabei füllen sie die freien Plätze in den Atomen, die vorher ihr Elektron verloren haben. An diesen Stromfluss schließt man nun beispielsweise eine Glühbirne oder eine Batterie an und verwandelt so Sonnenlicht in elektrischen Strom.

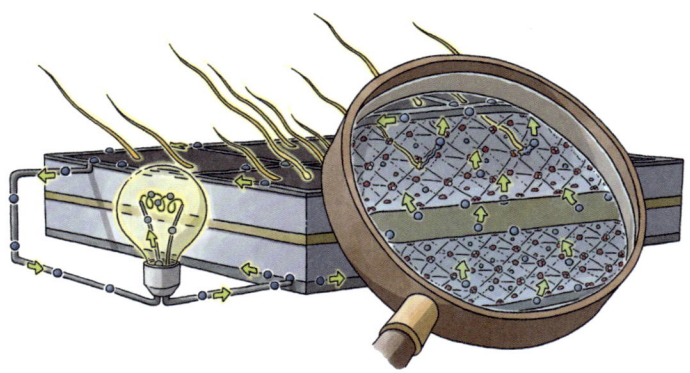

Zauber der Lichtbrechung

Hin und wieder werden ein paar der unsichtbaren Gesetze unserer Natur vor unseren Augen sichtbar. Du hast sicher schon einmal eine vorbeiziehende Regenfront beobachtet, während die Sonne auf die unzähligen Wassertropfen trifft. Das einfallende Licht wird in den Wassertropfen gebrochen und in die verschiedenen Wellenlängen aufgeteilt, die unsere Augen als Farben wahrnehmen. Du hast dabei das farbenfrohe **Phänomen eines Regenbogens** bewundern können.

Diese spannende Welt der Lichtbrechung inspirierte vielleicht vor ein paar Jahren auch einen deutschen Wissenschaftler, der als Architekt in Barcelona lebt. In seiner Erfindung nutzt er die Bündelung von Sonnenstrahlen, die auf eine **mit Wasser gefüllte Glaskugel** treffen. Die Photonenpakete, die an verschiedenen Stellen der durchsichtigen Kugel landen, werden durch die magische Form der Kugel auf einen **Brennpunkt** geleitet. Dieser Brennpunkt liegt oft nur ein paar Milli- oder Zentimeter hinter der Kugel. Da sich der Einfallwinkel von Sonnenlicht über den Tag verändert und somit auch der Brennpunkt der einfallenden Energiepakete wandert, richtet sich eine kleine, **bewegliche Photovoltaikzelle** immer wieder neu aus.

Wertvolle Ressourcen für große Photovoltaikanlagen könnten so eingespart werden. Es wäre möglich, die transparenten Glaskugeln vermehrt als Kombination aus Belichtung und Stromerzeugung in der Architektur einzusetzen. Selbst einfallendes Mondlicht könnte gebündelt eine Nachttischlampe antreiben.

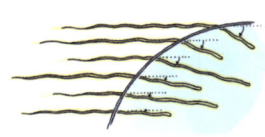

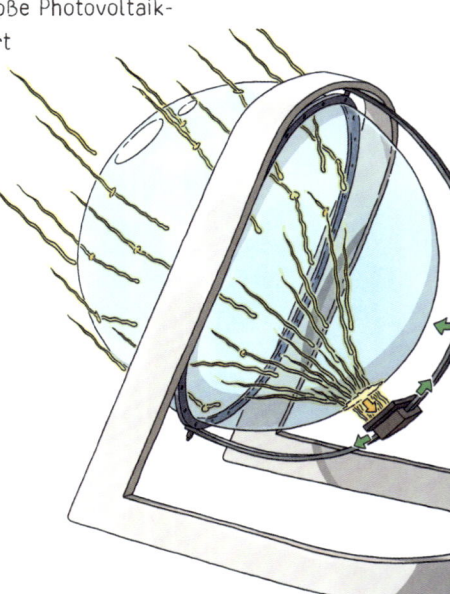

Potentielle & kinetische Energie

Energie steckt nicht nur in einem Sonnenstrahl. Zwei
r häufigsten Energieformen, die wir sonst noch in der Natur beobachten,
nd die sogenannte **potentielle** sowie die **kinetische Energie.**

tentielle Energie steckt beispielsweise in einer Kugel auf der Spitze
nes Berges. Sie steckt auch im Wasser eines Stausees genauso wie in
 auf einem Schlitten auf einem verschneiten Hügel. Je schwerer ein
rper ist und je höher seine Lage, desto größere Mengen an potentieller
ergie sind in ihm gespeichert. Die Anziehungskraft der Erde zieht Körper
ch unten, und die **gespeicherte Energie** wird in Form von Bewegung
ei, die sich wiederum in Wärme und Licht umwandeln lässt.

e Energie, die **in der Bewegung** von Molekülen steckt, nennt man auch
netische Energie. Sie steckt in Flüssen genauso wie im Wind. Auch in der
wegung eines Radfahrers und in der Drehung eines Karussells.
 größer und schwerer ein Körper ist und je schneller er sich
wegt oder dreht, desto mehr kinetische Energie steckt in ihm.
Mit Wasserrädern und Windturbinen wird
kinetische Energie von Wasser oder
Luft über Generatoren in elektrischen
Strom verwandelt.

uriose kleine Kraftwerke

 gibt noch weitere sonderbare Möglichkeiten, Strom dort zu
winnen, wo gerade ein bisschen davon gebraucht wird.
nergy Harvesting" nennt man diese Möglichkeit, elektrischen Strom
richwörtlich zu „ernten". Kleine mobile Geräte und Armbanduhren können
ute schon durch Sonnenlicht, Temperatur oder durch die Bewegung des
genen Körpers betrieben werden.

 hoch frequentierten Wegen oder
ufen könnte man in Zukunft sogar
ezoelektrische Kristalle in
e Böden einbauen. Der Druck, den
 mit deinem Körpergewicht auf
esen Belag ausübst, würde mit
fe der Kristalle in elektri-
he Energie umgewandelt
rden. Mit diesem Strom
nnte dann beispielsweise
e Straßenbeleuchtung
rsorgt werden.

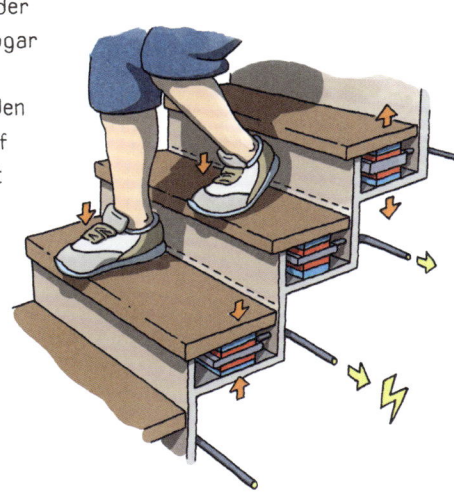

Kraft der Gezeiten

Wie Sonnen und Planeten haben auch Monde ihre eigene Anziehungskraft.
Unser Mond umkreist die Kontinente und Ozeane und zieht dabei an der
Erdoberfläche. Wir Menschen spüren seine Anziehungskraft kaum. Flüssige
Wassermoleküle werden jedoch von der **Gravitation des Mondes** bewegt.
Die riesigen Massen an Meerwasser, die sich erheben, kennen wir als Flut.
Durch die **Drehung der Erde** um ihre eigene Achse entsteht zusätzlich, wie
bei einem Karussell, die sogenannte **Fliehkraft.** Sie ist auf der Erdseite,
die dem Mond abgewandt ist, stärker als dessen Anziehungskraft. Dank
dieser Fliehkraft erhebt sich dort ein zweiter Flutberg. So heben und sen-
ken sich an Küsten ungefähr **alle sechs Stunden** die Wassermassen
der Weltmeere im **Gezeitenwechsel** zwischen **Ebbe und Flut.**
Mit Gezeitenkraftwerken in Buchten oder Meerengen kann man die
dabei entstehende Bewegung der Wassermassen in elektrischen
Strom umwandeln.

Fliehkraft der
Erdrotation

Anziehungskraft des Mondes

Warme Böden

Die Böden unseres Planeten werden einerseits
von der Kraft der Sonnenstrahlen, andererseits
vom heißen Erdkern erwärmt.
Wärmepumpen entziehen dem von der Sonne
aufgeheizten, bodennahen Erdreich oder Grundwasser **thermische Energie.** Diese wird umgewandelt und für Heizungen und Warmwasser genutzt.
Geothermie kann mancherorts eingesetzt werden,
um Strom zu erzeugen. Sie nutzt die vom heißen Erdkern im Überfluss
stammende, tief in der Erdkruste gespeicherte thermische Energie. In 400
bis über 1.000 Meter tiefen Bohrlöchern aufgeheiztes Wasser treibt als
Wasserdampf in **Geothermiekraftwerken** Turbinen und Generatoren an.

Verschiedenste Regionen auf der Welt haben verschiedene geografische
Voraussetzungen und Möglichkeiten. Es gibt nicht die eine große Lösung
für unser globales Energieproblem.
Die Lösung besteht aus vielen Lösungen.

Vertikale Bauernhöfe

Immer mehr Menschen leben in großen Städten, Platz steht aber nur
begrenzt zur Verfügung. Daher braucht es neben **Urban Gardening,**
grünen Fassaden und **Glashäusern auf Dächern** zusätzliche Lösungen.
„Vertical farming" könnte so eine Lösung sein. Es ist eine besondere Art
von Landwirtschaft in der Stadt. Ausgediente Hochhaustürme könnten
dem Gemeinwohl gespendet und es könnten dort auf allen Stockwerken
ganzjährig Früchte und Gemüse angepflanzt werden. In Kombination mit
Fischzuchtbecken könnten ohne große Zusätze geschlossene Nährstoff-
kreisläufe entstehen. In den ausrangierten Tiefgaragen der autofreien
Städte würden währenddessen Speisepilze sprießen. Auf diese Weise wäre
es möglich, ohne Transportwege einzukaufen. Das Abwasser der Stadt
könnte biologisch gereinigt und zur Bewässerung verwendet werden,
organische Abfälle könnten entweder **kompostiert** und so in fruchtbaren
Dünger verwandelt oder in einer **Methanbiogasanlage** zu elektrischem
Strom verarbeitet werden. Grünflächen, Pflanzen und Bäume würden darüber
hinaus helfen, klimatische Schwankungen in Städten auszugleichen.

Energie speichern

Unterwegs versorgen uns Milliarden von Batterien mit elektrischem Strom. Lithium-Ionen-Akkus und Aluminiumbatterien aus wertvollen Rohstoffen dominieren heute den mobilen Energiemarkt.

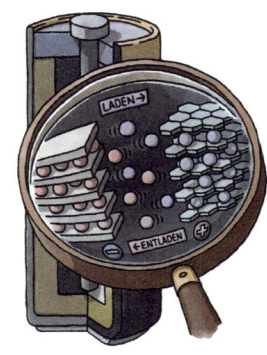

Tausende Wissenschaftlerinnen und Ingenieure arbeiten schon intensiv an neuen, umweltverträglichen Möglichkeiten. **Algen-Akkus, Strom in Salzkristallen,** ja sogar **Batterien aus Glas** oder **auf Zuckerbasis** finden vielleicht bald den Weg in unsere elektrischen Geräte.

Vor allem aber der Strom, der heute in Windparks sowie von Solar- und Photovoltaikanlagen erzeugt wird, muss in großem Stil und umweltschonend gespeichert werden. Dieser Strom wird ja nicht dann erzeugt, wenn er gebraucht wird. Er steht nur zur Verfügung, wenn die Sonne scheint oder der Wind weht.

Die Speicherung mit potentieller Energie wird heute schon weltweit in **Pumpspeicherkraftwerken** angewendet. Mit ungenutztem Strom könnte man neben Wasser aber auch andere schwere Körper heben und bei Bedarf wieder sinken lassen. Einen riesigen, aus dem Boden geschnittenen Granitfelsen könnte man mit gerade ungenutztem Strom anheben, indem man in einen darunterliegenden, dichten Raum Wasser pumpt. Bei Bedarf drückt der künstliche Berg mit seinem enormen Gewicht auf das Wasser und treibt eine Turbine zur Stromgewinnung an.

Mit Sonne, Wind oder Wasser wird zu manchen Zeiten mehr Energie erzeugt als verbraucht. Mit diesem ungenützten Strom kann man molekularen Wasserstoff und Sauerstoff aus flüssigem Wasser gewinnen. Das entstandene **H₂-Gas** wird in Tanks gelagert und kann bei Bedarf mit **Brennstoffzellen** wieder in Elektrizität umgewandelt werden.

Eine naturverträgliche Lösung könnte auch die **Pressluftspeicherung** bieten. Wie der Name schon sagt, verwendet man überschüssige Energie, um Luft in einen geschlossenen Raum zu drücken. Ist die kleine oder große Pressluftkammer voll, verschließt man das Ventil und öffnet es erst wieder, wenn man Strom benötigt. Der Überdruck lässt Luft wie bei einem aufgeblasenen Luftballon entweichen, und eine Turbine inklusive Generator könnte damit angetrieben werden.

Auch tief im Meer könnten die **Gesetze des Drucks** zusätzliche Speicherkapazitäten bieten. Am Meeresgrund wäre es möglich, große Behälter leer zu pumpen. Auf Knopfdruck könnte später das durch den hohen Druck einströmende Wasser eine Turbine antreiben.

Hochtemperaturspeicher, Ringwallspeicher, Salzseespeicher, Redox-Flow-Batterien, H₂-Paste, Smartgrids und, und, und ... Schauen wir einmal, was da noch Tolles auf uns zukommt.

Bei all den wunderbaren Ideen, Energie umweltfreundlich zu gewinnen und zu speichern, müssen wir aber auch dringend darüber nachdenken, wie viel Strom wir verbrauchen wollen. Welche Geräte sind wirklich notwendig? Wann und wie oft müssen sie laufen? Und müssen wirklich alle ständig im Stand-by-Modus warten?

Eine der einfachsten Lösungen heißt immer noch:
Energie sparen

Fahrzeuge ohne Abgase

Autos, die mit einem Elektromotor betrieben werden, erzeugen keine Abgase. Sie fahren mit Strom. Das Elektroauto hat eine Batterie, die man an der Steckdose mit Strom auflädt. Das Wasserstoffauto hat einen Gas-Tar statt einer Batterie. Zur Herstellung des Wasserstoffs benötigt man jedoch ebenfalls Strom, und zwar um das H₂-Gas aus Wasser (H₂O) abzuspalten. Diese H₂-Gas wird in Tanks gefüllt und mithilfe einer Brennstoffzelle wieder in Strom umgewandelt, der den Motor antreibt.

Da beide Antriebsarten viel elektrische Energie benötigen, ist es wichtig, dass der Strom aus erneuerbaren Quellen stammt.

Elektroantrieb mit Batterie:	**Wasserstoff mit Brennstoff-zelle & Elektromotor:**

Für leichte Fahrzeuge und kurze Strecken ideal, zum Beispiel in der Stadt.	Auf langen Strecken bräuchte man riesige, schwere Batterien! Für schwere Lasten und wenn viele Kilometer oder Höhenmeter überwunden werden müssen, bieten daher mitgeführte H₂-Tanks eine sinnvollere Alternative.
Info: Batterien halten leider nicht ewig, umso wichtiger, dass sie fair und recyclebar produziert werden! Sonst landen hier wertvolle Rohstoffe wie Lithium und andere seltene Erden nur auf dem Müll.	**Info:** Früher war es eine große Herausforderung, Wasserstoff sicher zu lagern, da er sich leicht verflüchtigt. Heute ist das schon problemlos möglich, und es gibt vielversprechende Ansätze, wie man das Gas in Zukunft noch besser transportieren kann.

Der Rebound-Effekt

Dieser Effekt ist ein wahrer **Spielverderber des Fortschritts.** Er macht aus dem Vorteil einer Erfindung, die Energie oder Ressourcen sparen soll, ungewollt genau das Gegenteil.

Stell dir vor, Elektroräder können in Zukunft sehr günstig hergestellt werden und jeder kann sich eines kaufen. Dann ist es wahrscheinlich, dass das E-Bike für Strecken genutzt wird, die man bisher ohne Strom geradelt ist. Somit hat man am Ende einen viel höheren Ressourcen- und Stromverbrauch, den man eigentlich vermeiden wollte.

Das Gleiche passiert bei Geräten: Wenn neue Modelle weniger Strom brauchen, werden sie oft länger oder öfter in Betrieb genommen. Kleine Fahrzeuge werden von Kunden gegen größere Modelle getauscht, weil sie ja viel weniger Treibstoff verbrauchen. Der Preis der verschiedenen Produkte wird durch größere Produktionszahlen billiger.

Schlussendlich nehmen viel mehr Menschen das Angebot an, und der Material- und Energieverbrauch steigt, obwohl man ihn eigentlich vermindern wollte.

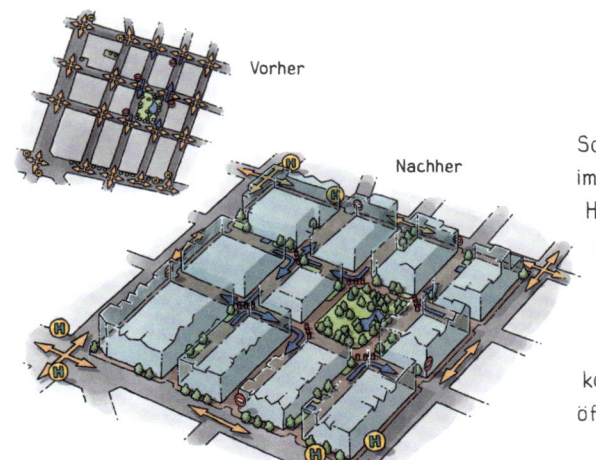
Vorher

Nachher

uperblocks

perblocks sind Stadtviertel, in denen die Bewohner
es, was sie brauchen, zu Fuß erreichen können. Und das
ch noch sicher, da es kaum mehr Straßenverkehr gibt.
ese einfache Lösung für einen **Wandel der Mobilität**
rd in Städten wie Barcelona bereits umgesetzt. Ein Su-
rblock besteht dabei aus mehreren Häuserblocks, die
ischen wichtigen Verkehrsknoten liegen. Innerhalb des
ertels werden Straßen in **Einbahnstraßen** umgewandelt
d **Kreuzungen** werden **diagonal gesperrt**.

So haben Einsatz- und Lieferwagen
immer noch die Möglichkeit, bis vor die
Haustür zu fahren. Die Haltestelle für
den nächsten Ausflug liegt dabei nur
ein paar Schritte entfernt und statt
parkender Autos und Staus gibt
es so wieder Platz für Bäume und
konsumfreie Aufenthaltsflächen im
öffentlichen Raum.

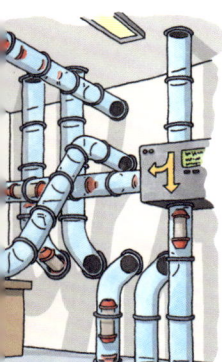

Vakuum-Tunnel-System

Die **Idee, durch Röhren zu reisen,** ist eigentlich
schon über 200 Jahre alt. Heute wird dieses
System nur mehr in Banken oder Krankenhäusern
angewendet, um Geldscheine oder Medikamente
schnellstmöglich durch mehrstöckige Gebäude
zu schicken. Den gefüllten Plastikkapseln wird
dafür in einem Rohrsystem ein Luftstoß versetzt,
der sie am richtigen Schreibtisch landen lässt.

i **Fatimas Goia-Tunnel-System** könnte das ziemlich ähnlich funkti-
ieren. Nur dass in den Röhren ein Vakuum herrscht, also ein Raum
ne Luft, die unsere Bewegung bremsen würde. Als Antrieb könnten die
ntastischen Gesetze des Magnetismus zum Einsatz kommen. Ohne großen
ergieaufwand könnten Geschwindigkeiten von bis zu 1.200 km/h erreicht
rden.

Auf Wellen & Wolken unterwegs

Millionen Container sind täglich auf den Weltmeeren unterwegs. Mit
Schweröl angetriebene Frachter verschiffen Waren um den gesamten
Globus und stoßen neben massenweise CO_2 vor allem auch Unmen-
gen an Schwefeldioxid und Ruß aus.

Ein Kreuzfahrtschiff braucht übrigens so viel Strom wie eine Stadt
mit 20.000 Einwohnern, und dieser Strom wird unterwegs durch die
Verbrennung von Schweröl erzeugt. Auch der Flugverkehr hat in
den letzten Jahrzehnten unglaublich zugenommen.
Der gesamte Treibstoffbedarf ist dadurch enorm
gestiegen, obwohl der Kerosinverbrauch pro Flug
dank neuester Technologien gesunken ist. Fliegen
ist somit nach wie vor die energieintensivste Art
der Mobilität.

Was also tun? Weltweit wird an Innovationen für
die Schifffahrt und den Flugverkehr gearbeitet. Segel an
langen Schnüren für **konstante Höhenwinde** und Flettner-
Rotoren unterstützen **aerodynamische Schiffsformen** und
widerstandsverringernde **Foil-Konstruktionen**. **Umweltfreundliche Antriebe** kommen an windstillen Tagen auf See und in
der Luft zum Einsatz. **Elektromotoren** mit **Pressluftspeicher**,
Brennstoffzellen mit **Wasserstofftanks** oder sogar spezielle
Motoren für kalt gepresste **Pflanzenöle**. **Ionenantriebe** und
Plasmamotoren könnten zusätzlich Antriebsmöglichkeiten in
der Luft- und Raumfahrt der Zukunft sein.

atimas Goia-Kugeln

unserer Fantasie muss ein
hrzeug nicht unbedingt zwei,
ei oder vier Räder haben. Es
re doch möglich, dass Fort-
wegungsmittel ganz andere
rmen bekommen.

timas Goia-Kugeln funktionieren
e Murmeln, die durch verschiedene
hnen rollen. Die Schwerkraft lässt Kugeln abwärts
llern. Den dabei entstandenen Schwung nutzt man für ebene
recken. Leichte Magnetimpulse stoßen die Kugeln notfalls an, damit sie
den gewünschten Ort gelangen.

n früheren Hauptverkehrsknotenpunkten kullern unsere Kugeln nun in
cher und durchbrechen dabei zwei Laserschranken, die dafür sorgen,
ss in dem unterirdischen Tunnelsystem ein Vakuum bestehen bleibt.
sere Kugeln werden mit Magnetimpulsen beschleunigt und beginnen ihre
ise durch lange Röhren, bis sie am Wunschziel wieder an die Oberfläche
llen und an der richtigen Haltestelle stehen bleiben.

Beamen

Wissenschaftler haben es angeblich schon
geschafft, Licht zu beamen. Ob es irgendwann
möglich sein wird, auch Materie zu beamen,
vielleicht sogar größere molekulare Systeme
durch Raum und Zeit zu schicken? Ob es dann
sogar funktionieren wird, ganze Lebewesen in
ihre Bestandteile aufzulösen und an einem anderen Ort mit dem komplett
gleichen Aufbau wiederherzustellen? Wir verstehen heute noch viel zu
wenig davon. Und wir verstehen noch viel zu wenig davon, was Leben
eigentlich ausmacht. Selbst wenn es uns gelingen würde, einen Menschen
zu beamen, was würde am anderen Ort ankommen? Nur seine Atome und
Moleküle, Knochen und Muskeln, Haut und Haare? Was wäre
mit seiner Seele und seiner Aura, seinen Erinnerungen und
seinem Karma, seinem Charakter und seinem Bewusstsein?

Da werden noch einige Jahrhunderte vergehen, bis wir über
Beamen als nachhaltige Mobilitätslösung diskutieren können.

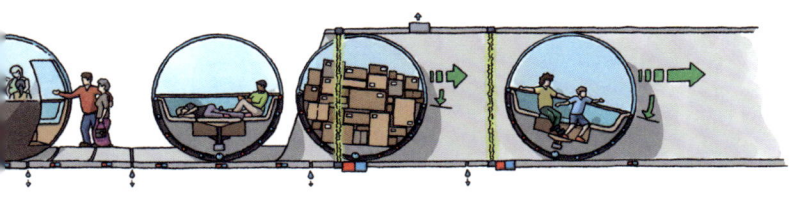

Cradle to Cradle

Schon vorher an nachher denken!
Das ist das Motto der Idee von Cradle
to Cradle. Was so viel heißt wie:
von der Wiege zur Wiege. Also **in
geschlossenen Kreisläufen denken,
biologisch** wie **technisch.** Produkte
werden so hergestellt, dass kein Abfall entsteht. Alles kann wiederverwertet, kompostiert
oder recycelt, nach Gebrauch zurückgegeben,
zerlegt und wiederverwendet werden. Und
das alles ohne schädliche Rückstände.
Abfall ist hier nie unbrauchbar, sondern
immer neue Nahrung in einem fortlau-
fenden Kreislauf: bei der Erzeugung
von Nahrung und Kleidung, Möbeln und
Spielzeug, Kosmetik und Verpackung
genauso wie bei der Errichtung von
Gebäuden und Infrastrukturen.

Der Baum

Ein Eichenbaum in
Mitteleuropa mit fast
500 Jahresringen.
Er hat Unwetter und
Dürren, Schädlinge,
Wildbiss, Abholzung und
Kriege überlebt. Er besitzt heute
über 600.000 Blätter, produziert damit
täglich etwa zwölf Kilogramm Zucker und lässt
ca. 400 Liter Wasser verdunsten. Er nimmt
den **Kohlendioxid(CO_2)**-Ausstoß von zwei bis
drei europäischen Einfamilienhäusern auf und
produziert so viel **Sauerstoff (O_2),** wie zehn
Erwachsene am Tag zum Leben brauchen.

Holz besteht aus fast 50 % **Kohlenstoff**,
44 % **Sauerstoff** und 6 % **Wasserstoff**.
Weniger als 1 % sind **mineralische Substanzen**, die aus dem Erdreich stammen und beim
Verbrennen als Asche übrig bleiben.

Kannst du dir vorstellen, dass Bäume miteinander sprechen? Nein? Tun sie aber! Dafür
verwenden sie statt Wörtern allerdings **Duft-
stoffe** als Sprache. Und warnen damit zum
Beispiel Artgenossen vor Schädlingsbefall.

Wunderstoffe

Die Methode der **Bionik** setzt sich zusammen aus Biologie und Technik.
Sie beschreibt das kreative Umsetzen von Vorbildern aus der Natur in
die Technik. Dazu arbeiten Biologen eng mit Ingenieurinnen, Architekten,
Physikerinnen, Chemikern und Materialforscherinnen zusammen. Strukturen der Seerose sind Inspiration für Dachkonstruktionen, die Haut von
Wüstenechsen für die Oberfläche von Photovoltaikpaneelen, die Formen
eines Blattes für Tragflächen von Flugkörpern. Wissenschaftler entwickeln Biokunststoffe, die umweltverträglich verrotten. Elastische und
feste Strukturen aus Pilz- und Bakterienkulturen für Alternativen in der
Bauindustrie. Ultradünne Beschichtungen in Brennstoffzellen und extrem
leichte Karbonfasern für neue Fahrzeugtechnologien. Und so verrückte
Dinge wie Megamagnete und elektronische Tinte.
Nanowissenschaftler verändern heute schon Strukturen von einzelnen
Molekülen und Oberflächen. Sie arbeiten an flüssigkeitsabwei-
senden Materialien für Kleidung und Gebäude und designen neue
Kristallstrukturen für Solarzellen und Quantencomputer.
Molekularbiologinnen stoßen währenddessen mit der
Entschlüsselung des Genoms die Tür für ein neues Kapitel der
Wissenschaft auf. Sie können heute schon Teile der DNA verändern
und sammeln gerade alle darin codierten Proteine in einer Datenbank,
um die Medizin zu revolutionieren.
Und **Atomphysiker** sowie **Quantenphysikerinnen** überraschen mit
Erkenntnissen, die über die menschliche Vorstellungskraft hinausge-
hen: Quarks, Higgs-Teilchen, Strings, Neutrinos, dunkle Materie ...
Es gibt noch so viel zu entdecken.

Hast du schon einmal vom **„wood wide web"**
gehört? Verborgen im Erdreich sind die Bäume
des Waldes durch ein riesiges Netz von Pilzen
partnerschaftlich miteinander verbunden.
Die Bäume versorgen die Pilze mit Zucker
zum Wachsen. Im Austausch versorgen die
Pilze die Pflanzen mit anderen wichtigen
Nährstoffen. Pilze und Pflanzen gehen dafür
schon seit Millionen von Jahren eine sogenannte **Symbiose** ein.

Sinnvoll(e) Steuern

Mit Steuern kann man steuern. Mit Subventionen
navigieren. Will man weniger Kohlendioxid in der Luft,
hilft es, mit einer **CO_2-Steuer** den Verbrauch fossiler Brennstoffe teurer zu machen. So wird weniger
verbrannt und schneller nach Alternativen gesucht
werden. Mit dem Geld, das dadurch eingenommen
wird, muss man jenen helfen, deren berufliche Existenz durch dieses neue Steuersystem gefährdet
scheint. Statt Monokulturen und Massentierhaltung
zu subventionieren, kann man **regionale Kleinbauern und nachhaltige
Landwirtschaft unterstützen.** Man kann diejenigen finanziell belohnen,
die **sparsam mit Ressourcen** umgehen, und jene stärker besteuern, die
verschwenden. Man kann Menschen, die arbeiten, steuerlich entlasten, hingegen **Onlinehandel, Großkonzerne und Finanztransakteure stärker
zur Kasse bitten.** Beim Steuern mit Steuern muss man immer sorgsam
auf das soziale Gleichgewicht achten. Was dem einen nützt, kann dem
anderen schaden. Es gilt, diese Gegensätze mit Respekt und Toleranz zu
verstehen und in einem würdevollen Umgang miteinander nach Lösungen zu
suchen. **Denn Widersprüche warten überall.**

Photosynthese

Chlorophyll heißt das grüne Zaubermolekül, das in Pflanzen steckt. Es wandelt Abgase und Wasser mithilfe von Licht in Nahrung und frische Luft um. Sobald kleine Photonenpakete in Form von **Sonnenstrahlen** auf die Eichenblätter treffen, beginnen winzige Fabriken zu arbeiten. Hat unser Baum genügend **Wasser** zur Verfügung, geben kleinste Öffnungen den Weg frei. CO_2-Moleküle gelangen ins Blattinnere, und winzig kleine Chlorophyllmoleküle beginnen dort, mit der Sonnenenergie **Kohlendioxid** zu zerlegen. Mit Wassermolekülen und verschiedensten Nährstoffen, die aus dem Boden geliefert werden, entstehen neue Verbindungen wie **Sauerstoff (O_2)** und **Zucker**. Der Sauerstoff wird durch die Öffnungen an die Luft abgegeben. Zucker und andere Produkte wie Eiweiß, Fette und Vitamine sind für alle Bäume und Pflanzen lebenswichtig. Sie sind die Bausteine für Stämme, Äste und Wurzeln und lassen Blätter, Blüten und Früchte wachsen. Diese unglaublichen Vorgänge, bei denen körperfremde zu körpereigenen Verbindungen umgewandelt werden, nennt man auch Photosynthese.

Kohlenstoffkreislauf

Kohlenstoff (C) ist einer der Grundbausteine für organisches Material, ob in Knochen und der Haut, in Pflanzen und Bäumen ebenso wie in Gesteinen und Sedimenten, Kristallen und Mineralien. Gleich wie Wasser bewegt sich auch Kohlenstoff in einem Kreislauf zwischen Lebewesen, Luft, Böden, Flüssen und Meeren. Pflanzen verarbeiten CO_2 in der Photosynthese und speichern so tonnenweise Kohlenstoff. Tiere und Menschen essen Pflanzen, atmen den von ihnen produzierten Sauerstoff ein und CO_2 wieder aus. Eine **Balance zwischen Produzenten und Verbrauchern** ist entstanden. Junger Wald nimmt besonders viel CO_2 auf, um schnell zu wachsen. Alter **Wald** wiederum dient als großer CO_2-Speicher. Wird der Wald gerodet und verbrannt, wird der gespeicherte Kohlenstoff wieder freigesetzt und gelangt so in die Atmosphäre. Auch in Waldböden wird tonnenweise Kohlenstoff gespeichert. Vermoderndes Material und Bodenorganismen geben an der Oberfläche CO_2 wiederum an die Pflanzen ab. In den großen **Ozeanen** nimmt pflanzliches Plankton CO_2 auf. Fische ernähren sich davon und scheiden CO_2 wieder aus.

Permakultur

Permakultur ist ein Tanz mit der Natur, bei dem die Natur führt. Auf kleinen landwirtschaftlichen Flächen können jederzeit Permakulturen entstehen. Sie brauchen wenig Energie und Geld, vielmehr Beobachtung, Kreativität und Liebe. Durch das Zusammenspiel verschiedener Pflanzenarten und Synergien in der kleinen Ökosphäre steigert sich die Vielfalt ihrer Bewohner. Jahrhundertealtes Wissen über **funktionierende Nachbarschaften** von Bäumen und Sträuchern, Gemüse und Kräutern fördert die Gesundheit des Gartens. Würmer, Pilze, Bakterien und unzählige andere Organismen beleben die Böden und unterstützen den Nährstoffaustausch zwischen den verschiedenen Arten. **Der Abfall des einen ist hier die Nahrung des anderen.** Über Wasserflächen schweben Libellen, Bienen bestäuben Wildblumen und Obstbäume, und Marienkäfer fressen Blattläuse. Dicht bewachsene Böden schützen vor Austrocknung und Erosion, und übers Jahr verteilte Ernten sorgen für Vielfalt in unseren Küchen. Permakultur ist wohl eine der nachhaltigsten Ideen für die **Landwirtschaft der Zukunft.**

Die Zuvielisation

In der letzten Gaia-Minute, also in den letzten 60 Jahren, hat sich die Weltbevölkerung mehr als verdoppelt. Die CO_2-Emissionen sind heute viermal so hoch. Der Energiebedarf wuchs um das Fünffache. Auch der Fischfang und die Fleischproduktion sind heute fünfmal so hoch. Der Trinkwasserverbrauch hat sich versechsfacht und der weltweite Ölverbrauch wuchs sogar auf das Siebenfache. Und du wirst es fast nicht glauben: Heute sterben Arten durch den Einfluss des Menschen zehn- bis hundertmal schneller aus als in den vergangenen Jahrmillionen!

Die Erde ist ein begrenzter Planet mit begrenzten Ressourcen.
Die Fähigkeit, die vom Menschen verbrauchten Ressourcen zu erneuern und die von ihm verursachten Schadstoffe abzubauen, besitzt sie nur bis zu einem bestimmten Grad. Aktuell benimmt sich die Menschheit allerdings so, als hätte sie fast zwei Erden zur Verfügung. In manchen Ländern sogar so, als gäbe es fünf Erden. Die Weltbevölkerung lebt damit sprichwörtlich bis zu fünf von zwölf Monaten im Jahr auf „Ressourcen-Kredit". Bodenschätze werden ausgebeutet, Meere leergefischt, die Luft verpestet. Und bereits mehr als drei Viertel der Landoberfläche der Erde sind künstlich umgestaltet, nur noch ein Viertel ist unberührte Natur.

Durstiger Lebensstil

Knapp die Hälfte der Weltbevölkerung leidet mindestens einen Monat im Jahr unter **Wassermangel** und immer noch haben viele Millionen Menschen keinen direkten Zugang zu sauberem Trinkwasser.

Im Gegensatz dazu verbraucht ein Mitteleuropäer im Schnitt täglich knapp 200 l Wasser (4 % fürs Kochen und Trinken, den Rest beim Waschen, Spülen, Putzen, Duschen oder Baden).

Sein virtueller Wasserverbrauch liegt allerdings bei 4.000 oder 5.000 Litern. Das ist Wasser, das in der Landwirtschaft, Viehzucht und Industrie verbraucht wird. Bis zu 92 % des Wasserverbrauchs gehen dabei auf das Konto der Landwirtschaft.

Im Kaufrausch

Einkaufen ist für viele Menschen zur liebsten Freizeitbeschäftigung geworden. Man schätzt, dass der Europäer heute im Schnitt über **10.000 Dinge** besitzt. Vor hundert Jahren waren es höchstens hundert.

Ständig wird Neues produziert, verpackt, beworben, gekauft und, oft fast ungebraucht, wieder weggeworfen.

Und all unsere Besitztümer wollen mit uns natürlich auch Zeit verbringen: Das Buch will ja gelesen, das Album auch gehört, Spiele gespielt und Geräte natürlich verwendet werden. Da wundert es nicht, wenn viele gestresst seufzen: **„Ich habe viel zu wenig Zeit!"**

Leere Meere

85 Prozent aller Fischbestände unserer Weltmeere sind heute entweder überfischt oder bereits erschöpft. Gigantische Netze, in denen zwölf Jumbojets Platz hätten, fischen die Meere leer. Noch auf hoher See wird der Fisch wie in einer Fabrik gekühlt, weiterverarbeitet und in den internationalen Handel gebracht. Mehr als 300.000 Kleinwale, Delfine und Tümmler verenden dabei jährlich als Beifang in Fischernetzen. Weil die Meere wegen der großen **Fischfangflotten** fast leergefischt sind, ist der einzelne Fischer, der mit seinem Fang bisher seine Familie ernähren oder sein Dorf versorgen konnte, in seiner Existenz bedroht.

Wusstest du ...?
Nur rund 5 % der Meere sind heute erforscht und nur etwas mehr als 1 % gilt als Schutzgebiet.

Schwindende Strände

Es klingt komisch, aber ein knapper Rohstoff ist inzwischen **Sand** geworden.

Jedes Jahr werden weltweit 15.000.000.000 Tonnen verbraucht, um Häuser und Fabriken, Straßen und Brücken zu bauen.

Da der Sand aus den riesigen Wüstengebieten für die Bauindustrie ungeeignet ist, werden Strände leergebaggert und viele hunderttausend Kubikmeter Sand vom Meeresboden gesaugt. In der Tiefsee herrscht heute sowieso Goldgräberstimmung: Neben Sand, Erdöl und Erdgas werden jährlich auch **Seeböden** in der doppelten Größe der USA **„umgeackert"**, um Gold, Nickel, Kobalt, Mangan, Zink und Kupfer zu gewinnen.

Im Stand-by-Modus

Trotz schwindender Ressourcen werden weltweit nach wie vor über zwei Drittel des elektrischen Stroms mit der Verbrennung fossiler Brennstoffe erzeugt.

Dabei geht über ein Drittel der globalen CO_2-Emissionen auf das Konto der Stromerzeugung.

Zwar gibt es in der Entwicklung energiesparender Technologien große Fortschritte, jedoch verlangen neue Geräte durstig nach Strom. In europäischen Haushalten findet man Dutzende elektrische Geräte und viele davon warten ständig im Stand-by-Modus.

Allein in Deutschland laufen durchgehend zwei Atomkraftwerke, nur damit alle Haushaltsgeräte im Stand-by warten können.

Immer online

In Europa gibt es mittlerweile **mehr Handys als Menschen.** Weltweit werden jedes Jahr knapp 4.000.000.000 Handys weggeworfen.

Für ihre Produktion hat man jedoch bis zu sechzig wertvolle Metalle und Mineralien wie Gold, Silber, Kupfer und Kobalt verarbeitet. Nur etwa 3 % werden dabei in Europa recycelt.

Jede Minute schwirren über 380.000 Tweets, 3.700.000 Suchanfragen, 18.000.000 SMS, 38.000.000 WhatsApp-Nachrichten und 185.000.000 Mails um den Globus.

Wusstest du ...?
Einmal googeln könnte eine LED-Lampe etwa drei Minuten lang leuchten lassen.

Aus dem Ruder gelaufen

Etwa 90 % des internationalen Handels werden auf den Ozeanen abgewickelt, riesige **Containerschiffe** transportieren dabei Waren über enorme Distanzen.

Rohstoffgewinn, Produktionsstätten, Montagefabriken und Verkaufsstandorte sind über die ganze Welt verteilt.

Jeans beispielsweise wandern oft über vier Kontinente, bevor sie an unseren Beinen landen. Vom **Verkaufspreis** geht etwa die Hälfte an den Einzelhandel, ein Viertel verdient das Label. Etwa 13 % entfallen aufs Material, ca. 11 % verdient der Transportsektor. Und was bleibt für die Schneiderin in Asien oder Afrika? Genau, richtig gerechnet. Nur etwa 1 %!

Stoßstange an Stoßstange

Seit 2010 gibt es auf unserem Planeten mehr als eine Milliarde Autos. Es kann sogar sein, dass heute schon mehr als **1,5 Milliarden Autos** auf der Erde unterwegs sind. Und täglich kommen über 200.000 Neuwagen weltweit dazu!

Würden wir all diese Fahrzeuge Stoßstange an Stoßstange in eine lange Schlange stellen, bräuchten wir rund um den Äquator eine Autobahn mit schon jetzt mehr als 150 Spuren.

Wusstest du ...?
- 95 % der Zeit sind Autos geparkt
- Die durchschnittliche europäische Familie besitzt 1,5 Autos
- In Mitteleuropa ist fast jede zweite Autofahrt kürzer als fünf Kilometer und etwa jede zehnte ist kürzer als einen Kilometer
- Täglich werden Böden versiegelt. In Österreich wird beispielsweise jeden Tag eine Fläche von etwa 14 Fußballfeldern für neue Verkehrswege, Parkplätze, Bauprojekte und Zufahrten asphaltiert und betoniert.

Über den Wolken

Trotz großen technologischen Fortschritts ist das **Flugzeug** nach wie vor mit Abstand das **umweltschädlichste Fortbewegungsmittel.**

Ein Flug nach New York und wieder retour verbraucht mehr als 150 Tonnen Kerosin als Treibstoff und stößt dabei Unmengen an Abgasen in empfindlichen Höhen unserer Atmosphäre aus.

Jede Sekunde startet und landet weltweit ein Flugzeug. Dabei sind 2018 nur etwa 3 % der Weltbevölkerung geflogen, und nur etwa 18 % sind überhaupt schon einmal in ein Flugzeug gestiegen.

Wusstest du ...?
Seit dem ersten Flug über den Atlantik ist bei Überseeflügen Kerosin nach wie vor steuerfrei.

Die größte aller Religionen?

Geld spielt in unserer Gesellschaft eine zentrale Rolle. Wir tauschen Geld gegen Lebensmittel und Medikamente, Kleidung und einen Haarschnitt. Wir bezahlen damit Fahrkarten und unsere Wohnungsmieten. Geld ist an und für sich eine unglaubliche Erfindung der Menschen. Denn das Geldsystem funktioniert heute vor allem, weil wir alle daran glauben, dass bedrucktes Papier tatsächlich einen Gegenwert hat.

Ein großes Problem mit dem Vermögen ist, dass es auf dieser Welt sehr ungleich verteilt ist: Wenige Einzelpersonen besitzen zur Zeit gleich viel Vermögen wie 3.700.000.000 Menschen zusammen. Verrückt, oder?

Der Vermögenszuwachs, der in einem Jahr auf der Welt entsteht, wandert zu vier Fünftel zum reichsten Prozent der Weltbevölkerung. So geht die Schere zwischen arm und reich immer weiter auseinander, und etwa 1.200.000.000 Menschen müssen immer noch mit weniger als einem Euro pro Tag auskommen.

Hunger auf Fleisch

Ein Europäer isst in seinem Leben durchschnittlich etwa **1.000 Tiere** (die vielen Fische noch gar nicht mitgezählt!). Meist aus Massentierhaltungen.

Die Rindfleischproduktion verbraucht von allen Nahrungsmitteln die mit Abstand meisten Ressourcen. Bis zu 70 % aller weltweiten Agrarflächen werden für die Fleischproduktion benötigt, weil etwa die Hälfte des weltweiten Getreides verfüttert wird und fast 85 % der weltweiten Sojaproduktion als Kraftfutter dienen.

Wusstest du ...?
Fast ein Drittel der Weltbevölkerung ist übergewichtig oder fettleibig.

Zubetoniert, asphaltiert, kontaminiert, erodiert und dehydriert.

Fruchtbare Böden müssen weltweit neuen Straßen und Parkplätzen, Städten und Industriezonen sowie Weideflächen für Rinderherden und Feldern für Monokulturen weichen. Nur knapp 17 % der Landflächen sind noch unberührte Wildnis. Über drei Viertel sind schon von Menschenhand umgestaltet.

Wusstest du ...?
In einem Kubikmeter fruchtbaren Boden leben mehr Mikroorganismen als Menschen auf der ganzen Welt.

Abgase, Abwasser, Abholzung & Abfall

Die Menge der **Treibhausgasemissionen** in der Atmosphäre befindet sich heute auf dem höchsten Stand seit 800.000 Jahren. Verschiedenste Abgase, vor allem CO₂, beschleunigen die Erwärmung der Erdoberfläche. Smog, fast unsichtbarer Feinstaub und Rußpartikel belasten die Atemluft bei Mensch und Tier. Reifenabrieb, Kunstdünger und Mikroplastik gelangen bei Regenfällen in unsere Kanalrohre, ins Grundwasser, in die Böden und somit sogar in die Nahrungskette.

In den Kanalisationen landen täglich auch tonnenweise abgelaufene Arzneien, bunte Weichspüler und tausend andere umweltschädliche Stoffe. Bis zu 2.000 winzigste Kunststofffasern gelangen zum Beispiel bei einem einzigen Waschgang ins **Abwasser.** Dabei fließen weltweit immer noch 80 % des städtischen Abwassers ungereinigt und ungeklärt in Flüsse, Seen oder ins Meer.

Schätzungsweise sind bereits weit über 85.000.000 Tonnen **Plastik** in unsere **Ozeane** gelangt. Vieles davon schwimmt als sichtbarer, riesengroßer Plastikstrudel an der Oberfläche. Vieles landet in den Mägen der Meeresbewohner und der größte Teil scheint inzwischen auf den Meeresgrund gesunken zu sein.

Jedes Jahr werden weltweit 13 Millionen Hektar tropischer **Regenwald gerodet** und meist in Monokulturen umgewandelt. Das entspricht der Fläche von ganz Österreich und der Schweiz.

Ein Europäer wirft jährlich im Schnitt etwa 500 Kilogramm **Abfall** in die Mülltonne. Das würde in seinem gesamten Leben dem Gewicht von etwa fünfzig ausgewachsenen Kühen entsprechen. Und das ist nur der Haushaltsmüll. Wirtschafts- und Industrieabfälle, Altstoffe und Bauschutt sowie die unvorstellbaren Mengen an Erdbewegungen aus dem Straßen- und Gebäudebau sind dabei noch nicht einmal mitgerechnet. Jede Sekunde produziert die Menschheit fast 20.000 Plastikflaschen. Nur etwa 7 % davon werden heute wieder zu Flaschen recycelt. Zurzeit werden erschreckende 40 % der produzierten Nahrung weggeworfen und verderben, statt auf unseren Tellern zu landen.

Und selbst durchs Weltall fliegt heute menschengemachter Müll. Rund 150 Millionen Trümmerteile von ausrangierten Satelliten und Raketen rasen als **Weltraumschrott** um die Erde. Und es werden immer mehr.

Zähl mal

Wie viele Erdölfässer findest du auf dieser Seite?
Jedes steht für eine ganze Million Fässer, bis zum Rand hin gefüllt mit fast 160 Litern Erdöl. Unvorstellbar! Aber wir Menschen verbrauchen diese Menge an Erdöl **jeden Tag**!

In einer vollen Welt

Jeden Tag werden wir 220.000 Menschen mehr auf unserem Planeten.

Im Jahr 1800 lebte etwa eine Milliarde Menschen auf der Erde. 120 Jahre später waren es schon zwei Milliarden und knappe fünfzig Jahre danach vier Milliarden. Im Jahr 1999 lebten über sechs Milliarden auf dem Planeten. Seit ein paar Jahren sind wir nun schon mehr als sieben Milliarden und bald werden wir acht Milliarden Menschen sein. Am Ende des 21. Jahrhunderts könnten wir zehn Milliarden sein. Es gibt sogar Szenarien, die davon ausgehen, dass im Jahr 2100 über 12.000.000.000 Menschen unseren Globus bevölkern. Somit hätte sich die **Menschheit** innerhalb von nur 300 Jahren mehr als **verzehnfacht!**

In einer vollen Welt gibt es nicht nur neue Herausforderungen, auch die Lösungen der Probleme müssen neu gedacht werden.

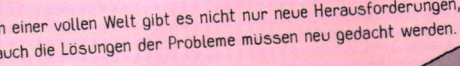

Irgendwie wird mir das alles viel zu viel.

Zu viel Zivilisation, zu wenig Natur.
Zu viel Müll, zu wenig Blumen.
Zu viel Lärm, zu wenig Vogelgezwitscher.
Zu viel Beleuchtung, zu wenig Sterne.
Zu viele Fernreisen, zu wenig
Nachbarschaftsfeste.

Zu viele Bildschirme, zu wenig Blickkontakte.
Zu viele virtuelle Freunde, zu wenig echte.
Zu viele Likes, zu wenig Umarmungen.
Zu viele Informationen, zu wenig Aufmerksamkeit.
Zu viele Bedürfnisse, zu wenig Zeit.
Zu viele Wünsche, zu wenig Träume.

Fatimas Schlusswort

Unsere gemeinsame Reise geht hier zu Ende. Aber die eigentliche Reise verläuft ja in der Wirklichkeit.
Und sie beginnt genau jetzt. In meinem, in deinem, in unserem Alltag. In der Familie und in der Schule.
In der Wirtschaft und in der Politik. Bei uns zu Hause genauso wie in fernen Ländern.

Wie geht es also weiter?   Was können wir tun?   Was kannst du tun?

Schau dich um, stell Fragen, denk nach, tausch dich aus und triff Entscheidungen. Was steckt denn in der Zahnpasta, die du täglich in der Früh verwendest, und wo landen eigentlich ausgediente Zahnbürsten? Woher kommt das Frühstücksei und wo wächst das Getreide, aus dem dein Brot gebacken wird? Nimmst du dir ein Pausenbrot mit oder wirst du dir später einen verpackten Riegel und Saft in einer Plastikflasche aus einem Automaten ziehen?

Kannst du für deinen Schulweg heute öffentliche Verkehrsmittel oder Fahrgemeinschaften nutzen? Flitzt du lieber sportlich auf dem Rad, dem Roller oder dem Skateboard in die Schule? Oder gehst du doch zu Fuß und nimmst dabei deine Umgebung unter die Lupe? Welche Straßen könnten von Autos befreit werden, um Platz für Bäume und Beete, Rad- und Fußwege zu schaffen? Welche Ecken und Plätze könnte man verschönern und so zu Wohlfühlorten umbauen?

Frag in der Schule, was der ökologische Fußabdruck bedeutet, und überlegt gemeinsam, was man tun kann, um ihn persönlich möglichst klein zu halten. Frag in deiner Klasse, ob schon jemand einmal von Cradle to Cradle, von Permakultur oder von Bionik gehört hat. Gemeinsam gelingt es euch vielleicht, eure Lehrerin oder euren Lehrer zu bitten, Projekte zu diesen spannenden Themen zu starten. Und frag im Sachunterricht, was virtuelles Wasser ist und wie der Treibhauseffekt entsteht.

Vielleicht ist Mathematik nicht gerade dein Lieblingsfach? Dabei ist sie die Sprache unseres Universums. Mit ihr kann man die entferntesten Galaxien auf deinen Schreibtisch beamen. Man kann die Naturgesetze verstehen, molekulare Vorgänge ausrechnen und Energie messen.

Ihr könntet in der Geografiestunde über die Besonderheiten der verschiedenen Regionen unserer Erde sprechen. In welchen Gegenden dieser Welt ist denn die Geothermie nutzbar? In welchen Ländern könnten Gezeiten- oder Wellenkraftwerke eingesetzt werden? Wo lassen sich dank Meeresströmungen Ocean-Cleaning-Projekte sinnvoll verwirklichen?

Wo herrscht Wassermangel und wo könnte man denn versuchen, Wüsten zurückzudrängen?

Ihr werdet dabei Regionen unserer Welt entdecken, in denen Menschen um ihr tägliches Überleben kämpfen müssen. Für sie wird es vermutlich noch nicht so wichtig erscheinen, die Qualität ihrer Umwelt zu erhalten oder sich für Wälder, Land und Wasser einzusetzen. Vielleicht wäre es ja eine Idee, eine digitale Brieffreundschaft mit einer Schulklasse in eurem Alter irgendwo auf der Welt zu starten. Ihr könntet den Englischunterricht nutzen, um herauszufinden, wie die Kinder dort ihren Alltag bestreiten und vor welchen Problemen sie stehen. Gibt es vielleicht sogar die Möglichkeit, sie irgendwie zu unterstützen?

Steht auch schon Physik in deinem Stundenplan? Hier lernt ihr die Naturgesetze und die Kräfte, die auf unserem Planeten herrschen, kennen. Vielleicht motiviert ihr eure Lehrerin oder euren Lehrer für Experimente, die sich einer der größten Herausforderungen unserer Zukunft widmen: Wie kann man elektrischen Strom von Windrädern und Photovoltaikzellen umweltfreundlich speichern? Könnte die potentielle Energie ein Lösungsansatz für große, umweltfreundliche Batterien sein? Oder könnten sogar die Gesetze von Druck und Dichte helfen? Von Flieh- und Zugkraft? Vielleicht sogar in Kombination?

Du hast gehört, Chemie soll ein langweiliges Unterrichtsfach sein? Lass dich vom Zauber der Chemie überraschen! Alle Elemente in unserem Universum findet man auf einem Blatt Papier. Das Periodensystem ist die Liste der Grundbausteine für alles. Erst durch Energie verbinden sich Atome zu Molekülen und lassen so Zellen und Kristalle entstehen. Bilden unsere Luft, unsere Meere und Gebirge. Jeden Planeten und jede Sonne.

Und fragt vielleicht euren Religionslehrer oder eure Ethiklehrerin, warum es eigentlich keine neuen Feiertage für die Natur geben kann? Einen für die Sonne, einen für die Luft, einen fürs Wasser, einen für den Wald, einen für die Böden und vielleicht einen für die Kulturen und Religionen dieser Welt?

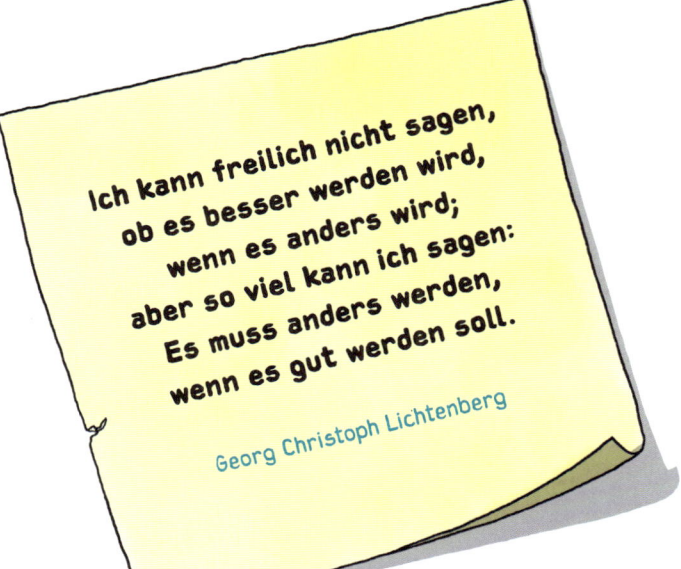

Ich kann freilich nicht sagen,
ob es besser werden wird,
wenn es anders wird;
aber so viel kann ich sagen:
Es muss anders werden,
wenn es gut werden soll.

Georg Christoph Lichtenberg

Auf deinem Heimweg von der Schule überleg mit deinen Freunden, welche Klamotten ihr tauschen könnt, anstatt neue zu kaufen. Welche Spielsachen und Bücher möchtet ihr untereinander verleihen oder sogar verschenken? Und was unternehmt ihr gemeinsam am Nachmittag? Gibt es in eurer Gegend einen Verein, dem ihr beim Aufräumen neben Waldwegen, an Flussläufen oder am Strand helfen könnt? Gruppen, die in der Freizeit Bäume pflanzen? Wo kann man lernen, ein Fahrrad zu reparieren oder ein Radio zu basteln? Vielleicht gibt es sogar Kurse für Robotik und 3-D-Druck in eurer Nähe?

Was gibt es heute zu essen? Vegetarisch und biologisch? Saisonal und regional? Hilf beim Kochen und frag, woher die Zutaten kommen. Und überlegt, was ihr tun könnt, um Verpackungsmüll zu reduzieren.

Was wünschst du dir zum Geburtstag? Lieber gemeinsame Erlebnisse statt materielle Gegenstände? Dinge können verloren gehen, ein Abenteuer vergisst man sein ganzes Leben nicht. Und wo geht eigentlich der nächste Urlaub hin? Kann man das Ziel auch mit dem Zug erreichen? Vielleicht kann eine Nacht im Schlafwagen auch richtig Spaß machen.

Während alle am Tisch sitzen, trau dich ruhig auch politische Fragen zu stellen. Zu Themen, von denen du vielleicht noch nicht so viel weißt. Wofür stehen die verschiedenen Politikerinnen und Politiker deiner Stadt und deines Landes, und welche Pläne haben sie für die Zukunft? Welche Petitionen können deine Eltern unterschreiben? Welche Initiativen, die sich für das Gemeinwohl engagieren, können sie unterstützen? Findet in eurer Gegend bald eine Demonstration statt, die ihr gemeinsam für wichtig haltet?

Ja, es stimmt.

Die großen, notwendigen Veränderungen für eine lebenswerte Zukunft müssen wahrscheinlich von der Politik herbeigeführt werden. Die Politik reagiert aber vor allem erst dann, wenn sie sieht, hört und spürt, dass die Menschen eine Veränderung fordern! Du glaubst, allein die Welt nicht verändern zu können?
Du bist nicht allein!

Es genügt, dass du mutig mithilfst, die Welt in deinem eigenen persönlichen Umfeld zu verändern. Vertraue darauf, dass viele andere das auch tun. All diese kleinen Wirkungskreise zusammen umspannen dann die ganze Welt. Es gibt immer noch zu viele Menschen, die glauben, allein nichts verändern zu können. Aber wenn genau diese Menschen beginnen sich zu engagieren, dann haben wir schon morgen eine neue Welt.

Deine Fatima

Danke

Hunderte Bücher und Magazine, Filme und Dokumentationen, Interviews und Reportagen, Internetseiten und Veranstaltungen haben mich zu diesem Buch inspiriert. Unzählige kurze und lange Gespräche, sachliche und heftige Diskussionen, kleine und große Erlebnisse, nahe und ferne Reisen, langes Nachdenken und plötzliche Ideen, kurze und intensive Begegnungen, schöne und traurige Erfahrungen haben dieses Buch mitgestaltet.

Meine Familie, meine Freundinnen und Freunde, meine Kolleginnen und Kollegen, sowie die vielen interessanten Menschen, die ich kennenlernen durfte:

Ihr alle habt mein Denken beeinflusst und schlussendlich steckt ihr ALLE in diesem Buch, das ohne eure Hilfe gar nicht hätte entstehen können!

Danke

Gewissenhaft wurde recherchiert und revidiert, diskutiert und konzipiert, analysiert und strukturiert, kontrolliert und korrigiert. Mit besten Absichten wurde selektiert und komprimiert, philosophiert und visioniert, idealisiert und fantasiert.

Und respektvoll so gegendert, dass Kinder den Text sinnerfassend lesen können. Druckfehler sind leider trotz größter Sorgfalt nie ganz ausgeschlossen, genauso wenig wie Irrtümer und im Lauf der Zeit sich eventuell verändernde Zahlen und Fakten.

**Alles, was gegen die Natur ist,
hat auf Dauer keinen Bestand.**

Charles Darwin

**Idee &
Illustrationen** Jakob Winkler

Text Jakob Winkler, Birgit Gruber,
U. Elisabeth Sarcletti & Sabine Winkler

Konzept Bernd Gutwenger, Matthias Hofmann,
Christian Reinhardt (Verein der guten Zusammenarbeit)
Anna-Lena Mayer, Mathias Egle &
Jakob Winkler (Atelier für Zeitreisen)

Lektorat Claudia Lang, U. Elisabeth Sarcletti,
Anna-Barbara von Ulm-Ehrbach & Theresa Scholz

Faktencheck Stefan Neuner (team Globo),
Johannes Schmidl (Save Energy Austria),
Florian Maringer (Erneuerbare Energie Österreich),
Matthias Punk (TU München),
Günter Heiss & Christian Höpperger

Schrift & Satz Mathias „Typegorilla" Egle & Jakob Winkler

Umschlag Leonore Höfer (Knesebeck Verlag)

Herstellung Arnold & Domnick (Leipzig, Deutschland)

Druck Gugler GmbH (Melk, Österreich)

Konzipiert, gestaltet & geschrieben in Tirol
Printed in Austria

Deutsche Originalausgabe

Copyright © 2021
Knesebeck GmbH & Co. Verlag KG (München)
Ein Unternehmen der Média-Participations

www.knesebeck-verlag.de

ISBN 978-3-95728-523-2

GESUND. RÜCKSTANDSFREI. KLIMAPOSITIV.

Der Knesebeck Verlag schützt das Klima und intakte Ökosysteme durch den
Druck dieses Buches beim Ökopionier gugler*, dem weltweit ersten zertifizierten
Anbieter für Cradle to Cradle Certified™ Druckprodukte. Dieses Buch enthält nur
gesunde Substanzen und kann daher - anders als herkömmlich gedruckte Bücher
- zu 100 % wiederverwertet werden. Alle CO2-Emissionen, die beim Druck dieses
Buches entstanden sind, wurden zu 110 % kompensiert. In der Produktion kam
ausschließlich Ökostrom zum Einsatz. Das Cradle to Cradle Certified™-Zertifikat
bestätigt das.

www.gugler.at

Cradle to Cradle Certified™ Pureprint
innovated by gugler*
Gesund. Rückstandsfrei. Klimapositiv.
www.gugler.at

MIX
Papier aus verantwor-
tungsvollen Quellen
FSC® C005108